1か月で復習する
中国語 新装版
基本の500単語

呉 春姫

**音声無料
ダウンロード**

語研

JN041035

音声について（音声無料ダウンロード）

◆ 本書の音声は無料でダウンロードすることができます。下記の URL または QR コードより本書紹介ページの【無料音声ダウンロード】にアクセスしてご利用ください。

https://www.goken-net.co.jp/catalog/card.html?isbn=978-4-87615-425-8

◆ 各見開きの右上に記載された QR コードを読み取ることで，その見開き分の音声を再生することもできます。

◆ 音声は，見出し語→例文の順番で 1 回ずつ，ナチュラルスピードよりもややゆっくりめで収録されています。

◆ 一部の見出し語と例文では，ピンインは声調変化後の表記になっています。

（例：**一点儿**　辞書など yīdiǎnr，本書では yìdiǎnr）

◆ 例文の上の下線 ╲╲╲╲╲ は，音声の区切りを示しています。音声を聞きながら発話の練習をする際のヒントとしてご活用ください。

⚠ 注意事項 ⚠

● ダウンロードで提供する音声は，複数のファイル・フォルダを ZIP 形式で 1 ファイルにまとめています。ダウンロード後に解凍（展開）してご利用ください。
Wi-Fi 接続でのダウンロードを推奨します。

● 音声ファイルは MP3 形式です。モバイル端末，パソコンともに，MP3 ファイルを再生可能なアプリ，ソフトを利用して聞くことができます。

● インターネット環境によってダウンロードできない場合や，ご使用の機器によって再生できない場合があります。

● 本書の音声ファイルは，一般家庭での私的使用の範囲内で使用する目的で頒布するものです。それ以外の目的で本書の音声ファイルの複製・改変・放送・送信などを行いたい場合には，著作権法の定めにより，著作権者等に申し出て事前に許諾を受ける必要があります。

はじめに

　本書はこれから中国語を学ぶ人，または学習を始めたばかりの人向けに，文法・語法を学ぶ時に出てくる必須・重要単語を厳選してまとめた単語集です。

　長年筆者は中国語の語学教育に携わってきましたが，生徒さんがいつも苦労されているのは単語の暗記の部分です。中国語の文法は仕組みを理解しながら暗記に頼ることなく覚えていくことができますが，単語はどうしても暗記して積み上げていかざるを得ない部分があります。授業の中で触れられる単語量は限られてきますので，必然と単語の習得は単語集を用いた独学に頼る部分が大きくなります。しかし，授業という学習の文脈から外れ，羅列される単語を一つ一つ忘れないように頭に入れていくのは大変です。中国語の文章を見て，その中に見たことがある単語が含まれているけれどその意味が思い出せない，という状況を皆さんも何度も体験しているのではないでしょうか。こういった状況を防ぐために，単語の意味を思い出すための「手掛かり」を複数頭に入れておく必要があるのです。その「手掛かり」となるのが，その単語をいつどこで勉強したかという学習の文脈であったり，覚えやすい例文と共に覚えておくことであったりするわけです。中国語と日本語の意味との一対一の対応が頭の中に出来上がっていなくても，そういった学習の文脈と単語がつながっていくことを念頭に本書を作りました。

　本書が皆さんの中国語力の基礎を作っていくうえで役に立つことを願い，色々な場面でその語学力を発揮していくことができることを祈っております。

呉春姫

目次

はじめに 3
本書の構成 6
学習計画表 8

1日目	001 ～ 021 10
2日目	022 ～ 042 16
3日目	043 ～ 063 22
4日目	064 ～ 084 28

文法復習① 声調 34
まとめて覚えよう 時期を表す名詞 35

5日目	085 ～ 105 36
6日目	106 ～ 126 42
7日目	127 ～ 147 48
8日目	148 ～ 168 54

文法復習② 数字の読み方 60
まとめて覚えよう 量詞 61

9日目	169 ～ 189 62
10日目	190 ～ 210 68
11日目	211 ～ 231 74
12日目	232 ～ 252 80

文法復習③ 否定の表現 86
まとめて覚えよう よく使う挨拶 87

13 日目	253 〜 273	88
14 日目	274 〜 294	94
15 日目	295 〜 315	100
16 日目	316 〜 336	106

文法復習④　存在を表す“有”“在”“是” 112
まとめて覚えよう　方位詞 113

17 日目	337 〜 357	114
18 日目	358 〜 378	120
19 日目	379 〜 399	126
20 日目	400 〜 420	132

文法復習⑤　疑問文 138
まとめて覚えよう　指示詞／中国の料理名 139

21 日目	421 〜 441	140
22 日目	442 〜 462	146
23 日目	463 〜 483	152
24 日目	484 〜 504	158

文法復習⑥　重ね型 164
まとめて覚えよう　中国の祝日 165
　　　　　　　　　国に関する名詞 166

見出し語索引 168

【音声ナレーション】李茜

【装丁】クリエイティブ・コンセプト

本書の構成

- 暗記の際には付属の赤シートをご活用ください。
- 例文語注の **番号** は見出し語の左の見出し語番号にあたります。
- 例文語注の **番号** は見出し語注の関連表現です。

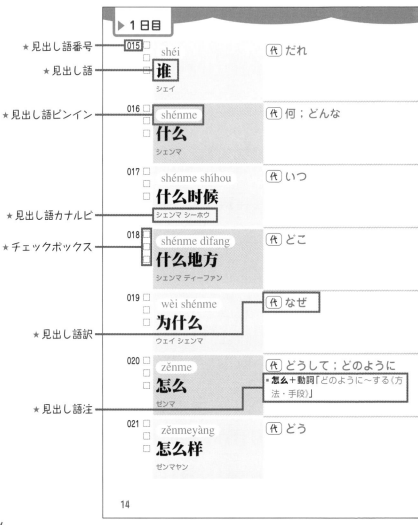

▶ 1日目

★見出し語番号 → 015
★見出し語 → **谁**
　shéi
　シェイ
　代 だれ

★見出し語ピンイン → 016
　shénme
　什么
　シェンマ
　代 何；どんな

017
　shénme shíhou
　什么时候
★見出し語カナルビ → シェンマ シーホウ
　代 いつ

018
★チェックボックス
　shénme dìfang
　什么地方
　シェンマ ディーファン
　代 どこ

019
　wèi shénme
　为什么
★見出し語訳 → 代 なぜ
　ウェイ シェンマ

020
　zěnme
　怎么
　ゼンマ
　代 どうして；どのように
★見出し語注 → ▪ **怎么**＋動詞「どのように〜する〈方法・手段〉」

021
　zěnmeyàng
　怎么样
　ゼンマヤン
　代 どう

14

6

〈品詞アイコンについて〉

名 ➡ 名詞		代 ➡ 代名詞		動 ➡ 動詞	
形 ➡ 形容詞		前 ➡ 前置詞		副 ➡ 副詞	
助 ➡ 助詞		量 ➡ 量詞		数量 ➡ 数量詞	
助動 ➡ 助動詞		介 ➡ 介詞		接 ➡ 接続詞	

★ 音声ファイル番号
★ 音声 QR コード

03

Shéi zài lǐbian
谁 在 里边？
だれが中にいますか。
▶ **在** 032「～にいる」 **里边**「中」

★ 例文ピンイン
（下線の続いている部分は
なるべく切らずに発音）

Zhè shì shénme
这 是 什么 ？
これは何ですか。
▶ **是** 001「～である」

★ 例文

Shénme shíhou qù shànghǎi
什么时候 去 上海？
いつ上海へ行きますか。
▶ **去** 029＋場所「～に行く」

★ 例文訳

Shénme dìfang yǒu mài de
什么地方 有 卖 的？
どこで売っていますか。
▶ **有** 034「～がある」 **卖** 244「売る」 **～的** 038「～の（もの）」

Wèi shénme bù néng lái
为什么 不 能 来？
なぜ来られないのですか。
▶ **不能** 338＋動詞「～できない」

★ 例文語注

Qù yóujú zěnme zǒu
去 邮局 怎么 走？
郵便局にはどうやって行きますか。
▶ **邮局** 243「郵便局」 **走** 030「歩く」

Wèidao zěnmeyàng
味道 怎么样 ？
味はどうですか。
▶ **味道**「味」

★ 学習の日付と，
暗記単語数を記入

1回目	年 月 日 /7	2回目	年 月 日 /7	3回目	年 月 日 /7	達成率 4 %

15

学習計画表

●約1か月弱で終えるためのスケジュールモデル《月曜開始の場合》

	月	火	水	木	金	土	日
日付⇨	╱	╱	╱	╱	╱	╱	お休み or 復習
	p.10～14 001-021	p.16～20 022-042	p.22～26 043-063	p.28～32 064-084	p.36～40 085-105	p.42～46 106-126	
チェック⇨	済	済	済	済	済	済	
	月	火	水	木	金	土	日
	╱	╱	╱	╱	╱	╱	お休み or 復習
	p.48～52 127-147	p.54～58 148-168	p.62～66 169-189	p.68～72 190-210	p.74～78 211-231	p.80～84 232-252	
	済	済	済	済	済	済	
	月	火	水	木	金	土	日
	╱	╱	╱	╱	╱	╱	お休み or 復習
	p.88～92 253-273	p.94～98 274-294	p.100～104 295-315	p.106～110 316-336	p.114～118 337-357	p.120～124 358-378	
	済	済	済	済	済	済	
	月	火	水	木	金	土	日
	╱	╱	╱	╱	╱	╱	総復習
	p.126～130 379-399	p.132～136 400-420	p.140～144 421-441	p.146～150 442-462	p.152～156 463-483	p.158～162 484-504	
	済	済	済	済	済	済	

＊開始日を記入し，終わったら済マークをなぞってチェックしてください。

●計画表フリースペース（自分なりのスケジュールを立てたい方用）

/	/	/	/	/	/	/
-	-	-	-	-	-	-
済	済	済	済	済	済	済
/	/	/	/	/	/	/
-	-	-	-	-	-	-
済	済	済	済	済	済	済
/	/	/	/	/	/	/
-	-	-	-	-	-	-
済	済	済	済	済	済	済
/	/	/	/	/	/	/
-	-	-	-	-	-	-
済	済	済	済	済	済	済

＊上から曜日，日付，習得した見出し語の開始と終わりの番号，済マークの
チェック欄になります。

001 □ □ □
shì
是
シー
動 ～である，～だ

002 □ □ □
wǒ
我
ウォー
代 私

003 □ □ □
wǒmen
我们
ウォーメン
代 私たち

004 □ □ □
zánmen
咱们
ザンメン
代 私たち《相手を含む》

005 □ □ □
nǐ
你
ニー
代 あなた

006 □ □ □
nǐmen
你们
ニーメン
代 あなたたち

007 □ □ □
nín
您
ニン
代 あなた様
▪ 你の敬称

10

Zhè shì wǒ de míngpiàn

这 是 我 的 名片。

こちらは私の名刺です。

▶ **这**「これ」 **〜的** 038 「〜の(もの)」 **名片**「名刺」

Wǒ lái jièshào yíxiàr

我 来 介绍 一 下 儿。

(私が)ちょっと紹介します。

▶ **来** 031 +動詞「〜しよう」 **介绍**「紹介する」 **一下儿** 082 「ちょっと」

Wǒmen zǒu ba

我们 走 吧！

(私たち)行きましょう。

▶ **走** 030 「歩く，離れる」 **吧** 041 ：語気助詞《提案》

Zánmen xiān chī ba

咱们 先 吃 吧！

(私たち)先に食べましょう。

▶ **先** 430 「先に」 **吃** 209 「食べる」

Nǐ zài nǎr

你 在 哪 儿？

あなたはどこにいますか。

▶ **在** 032 「〜にいる」 **哪儿** 022 「どこ」

Nǐmen hǎo

你们 好！

こんにちは。

▶ **好** 389 「元気だ」

Nín shì nǎwèi

您 是 哪 位？

(あなた様は)どなた様ですか。

▶ **哪位**「どなた」

008
tā
他
ター
代 彼

009
tāmen
他们
ターメン
代 彼ら

010
tā
她
ター
代 彼女

011
tāmen
她们
ターメン
代 彼女ら

012
tā
它
ター
代 それ

013
tāmen
它们
ターメン
代 それら

014
dàjiā
大家
ダージア
代 みんな，皆さん

Tā shì wǒ de tóngshì

他 是 我 的 同 事 。

彼は私の同僚です。

▶ **是 001**「〜である」 **同事 157**「同僚」

Tāmen zài kāihuì

他们 在 开 会 。

彼らは会議中です。

▶ **在 032** ＋動詞「〜している」 **开会**「会議する」

Tā shì wǒ de nǚpéngyou

她 是 我 的 女 朋 友 。

彼女は私の恋人です。

▶ **女朋友 095**「彼女《恋人》」

Tāmen zài liáotiānr

她们 在 聊 天 儿 。

彼女たちはおしゃべりをしています。

▶ **在 032** ＋動詞「〜している」 **聊天儿**「おしゃべりをする」

Zhè shì wǒ jiā de xiǎo māo tā hěn kě'ài

这 是 我 家 的 小 猫 ， 它 很 可 爱 。

これはうちの子猫です。それはとてもかわいいです。

▶ **很 425**「とても」 **可爱 407**「かわいい」

Měitiān yào gěi tāmen jiāo shuǐ

每 天 要 给 它们 浇 水 。

毎日それらに水をやらなければいけません。

▶ **要 333** ＋動詞「〜しなければならない」 **给 048** ＋ **A** ＋ **B**「A に B を与える」

Dàjiā dōu hěn hǎo

大家 都 很 好 。

みんなとても元気です。

▶ **都 434**「みんな」

| 1回目 | 年 月 日 ／7 | 2回目 | 年 月 日 ／7 | 3回目 | 年 月 日 ／7 | 達成率 2 ％ |

015
shéi
谁
シェイ

代 だれ

016
shénme
什么
シェンマ

代 何；どんな

017
shénme shíhou
什么时候
シェンマ シーホウ

代 いつ

018
shénme dìfang
什么地方
シェンマ ディーファン

代 どこ

019
wèi shénme
为什么
ウェイ シェンマ

代 なぜ

020
zěnme
怎么
ゼンマ

代 どうして；どのように
▪ **怎么**＋動詞「どのように～する《方法・手段》」

021
zěnmeyàng
怎么样
ゼンマヤン

代 どう

Shéi zài lǐbian
谁 在 里 边？
だれが中にいますか。
▶ 在 032「〜にいる」 里边「中」

Zhè shì shénme
这 是 什么？
これは何ですか。
▶ 是 001「〜である」

Shénme shíhou qù shànghǎi
什么时候 去上海？
いつ上海へ行きますか。
▶ 去 029＋場所「〜に行く」

Shénme dìfang yǒu mài de
什么地方 有卖的？
どこで売っていますか。
▶ 有 034「〜がある」 卖 244「売る」 〜的 038「〜の（もの）」

Wèi shénme bù néng lái
为什么 不能来？
なぜ来られないのですか。
▶ 不能 338＋動詞「〜できない」

Qù yóujú zěnme zǒu
去邮局 怎么 走？
郵便局にはどうやって行きますか。
▶ 邮局 243「郵便局」 走 030「歩く」

Wèidao zěnmeyàng
味道 怎么样？
味はどうですか。
▶ 味道「味」

022
nǎr / nǎli
哪儿／哪里
ナール／ナーリ

〔代〕どこ
▪ **哪儿**は会話で主に用いる

023
zhèr / zhèli
这儿／这里
チョール／チョーリ

〔代〕ここ，こちら
▪ **这儿**は会話で主に用いる

024
nàr / nàli
那儿／那里
ナール／ナーリ

〔代〕あそこ，そこ，あちら，そちら
▪ **那儿**は会話で主に用いる

025
zhème
这么
チョーマ

〔代〕こんなに《比較対象が主語に近い場合》
▪ **这么**＋形容詞《程度表現》

026
nàme
那么
ナーマ

〔代〕そんなに《比較対象が主語より遠い場合》
▪ **那么**＋形容詞《程度表現》

027
duōshao
多少
ドゥオーシャオ

〔代〕いくつ《10以上を聞く》
▪ **多少人**「何人」
▪ **多少钱**「いくら《値段》」

028
jǐ
几
ジー

〔数〕いくつ《10以下を聞く》
▪ **你几岁？**「何歳？《幼い子供に対して》」

Tā qù nǎr le

他去 哪儿 了？

彼はどこへ行きましたか。

▶ **了** 036 ：語気助詞《動作の完了》

Zhèr hěn rènao

这儿 很 热闹 。

こちらはとてもにぎやかです。

▶ **很** 425 「とても」 **热闹** 「にぎやかだ」

Nàr tiānqì zěnmeyàng

那儿 天气 怎么样 ？

そちらの天気はどうですか。

▶ **天气** 270 「天気」 **怎么样** 021 「どう」

Zěnme zhème guì a

怎么 这么 贵 啊 ！

どうしてこんなに高いのですか。

▶ **怎么** 020 「どうして」 **贵** 370 「（値段が）高い」 **啊** 042 ：語気助詞《感嘆》

Wǒ de bìng méiyǒu nàme yánzhòng

我 的 病 没有 那么 严重 。

私の病気はそんなにひどくありません。

▶ **没有** 035 「～がない」 **严重** 「重大である，深刻である」

Nǐmen gōngsī yǒu duōshao rén

你们 公司 有 多少 人 ？

あなたたちの会社は何人（社員が）いますか。

▶ **你们** 006 「あなたたち」 **公司** 156 「会社」 **有** 034 「～がいる」

Nǐ jiā yǒu jǐ kǒu rén

你 家 有 几 口 人 ？

何人家族ですか。

▶ **口** ：「家庭の人数」を数える時の量詞

1回目	年 月 日 ／7	2回目	年 月 日 ／7	3回目	年 月 日 ／7	達成率 5 %

029

qù

去

チュイ

動 行く，出かける
- **去**＋動詞「〜しに行く」
- **出去**「外出する」

030

zǒu

走

ソウ

動 歩く；《ある場所から》離れる
- **跑** pǎo「走る」

031

lái

来

ライ

動 来る
- **来**＋動詞「〜しよう」

032

zài

在

ザイ

動 〜にある，いる
介 〜で《場所》，〜に《時間》
- **不在**「いない」

033

jiànmiàn

见面

ジエンミエン

動 会う，顔を合わす
- **见**「会う」
- **见过一面**「一度会ったことがある」

034

yǒu

有

ヨウ

動 持っている；〜がある

035

méiyǒu

没有

メイヨウ

動 〜がない
副 まだ〜していない
- **没**「〜ない」

Nǐ xiǎng qù nǎr

你想[去]哪儿？

あなたはどこへ行きたいですか。

▶ 想 329 ＋動詞「～したい」 哪儿 022「どこ」

Wǒ měitiān zǒuzhe qù shàngbān

我每天[走]着去上班。

私は毎日歩いて会社へ行きます。

▶ 動詞＋着 039「～しながら《動作の方式・状態》」 上班 151「出勤する」

Shénme shíhou lái běijīng

什么时候[来]北京？

いつ北京へ来ますか。

▶ 什么时候 017「いつ」

Zài jiā ma

[在]家吗？

ご在宅ですか。

▶ 吗 037：語気助詞《疑問》

Zài nǎr jiànmiàn

[在]哪儿[见面]？

どこで会いますか。

▶ 哪儿 022「どこ」

Yǒu shénme wèntí ma

[有]什么问题吗？

何か問題ありますか。

▶ 什么 016「何」

Wǒ jīntiān hěn máng méiyǒu shíjiān

我今天很忙，[没有]时间。

私は今日とても忙しいです。時間がありません。

▶ 今天「今日」 很 425「とても」 忙 393「忙しい」 时间「時間」

| 1回目 | 年 月 日 ／7 | 2回目 | 年 月 日 ／7 | 3回目 | 年 月 日 ／7 | 達成率 7 ％ |

036 □
□
□
le
了
ラ

助 ～した《完了》《新しい状況の発生や状況の変化》／状態・状況が変化する

037 □
□
□
ma
吗
マ

助 ～ですか《疑問》
- **～了吗?**「～しましたか」

038 □
□
□
de
的
ダ

助 断定・確認を表わす／～の《名詞の修飾語を作る》
- **是～的**：過去の出来事の時間・場所・方法などを強調

039 □
□
□
zhe
着
チォ

助 動作の持続・方式を示す

040 □
□
□
ne
呢
ナ

助 疑問／確認・誇張／持続・進行
- 省略疑問文の文末に付け「～は？」の意を表わす

041 □
□
□
ba
吧
バ

助 提案・依頼／同意・譲歩／推量

042 □
□
□
a
啊
ア

助 感嘆／肯定・催促・念押し
- 選択疑問文や疑問詞疑問文の語気を弱めたり，疑問や命令，あいさつ時，親しげな感じやぞんざいな感じを示す

Wǒ huí lai le
我回来了！
ただいま。
▶ 回来 225「帰ってくる」

Lǐbian yǒurén ma
里边有人吗？
中に誰かいますか。
▶ 里边「中」 有 034「～がいる」

Zhè shì zài nǎr mǎi de
这是在哪儿买的？
これはどこで買ったものですか。
▶ 在 032 ＋場所「～で」 买 244「買う」

Bú yào tǎngzhe kàn shū
不要躺着看书。
横になって本を読まないでください。
▶ 不要 334 ＋動詞「～してはいけない」 躺「横たわる」 看 182「見る」

Wǒ hěn hǎo nǐ ne
我很好，你呢？
私は元気です。あなたは？
▶ 很 425「とても」 好 389「元気だ」

Děng yíhuìr ba
等一会儿吧。
しばらくお待ちください。
▶ 等 307「待つ」 一会儿 083「ちょっとの間」

Wǒ hǎo gāoxìng a
我好高兴啊！
私，すごくうれしいです。
▶ 好 389「とても～だ」 高兴 413「うれしい」

1回目	年 月 日 ／7	2回目	年 月 日 ／7	3回目	年 月 日 ／7	達成率 8 %

043 ☐
☐
☐ **啦**
la
ラ

助 感嘆や緊張，興奮の意味を表す
・**了**＋**啊**の複合形

044 ☐
☐
☐ **嘛**
ma
マ

助 当たり前だ，当然だという意味を表す

045 ☐
☐
☐ **罢了**
bà le
バーラ

助 ～するだけだ，～にすぎない

046 ☐
☐
☐ **着呢**
zhe ne
チォナ

助 主に形容詞の後に付き，その性質を大げさに言う時に用いる

047 ☐
☐
☐ **来着**
láizhe
ライチォ

助 過去の出来事を思い出したり，回想している様子を表わす

048 ☐
☐
☐ **给**
gěi
ゲイ

動 与える
介 ～のために；～ に 対 して

049 ☐
☐
☐ **请**
qǐng
チィン

動 ～してもらう；どうぞ～してください

07

Xià kè la　　tóngxuémen　xià　xīngqī　jiàn

下课[啦]！同学们下星期见！

授業を終わります。みなさん，また来週。

▶ **下**「(授業が)終わる」 **课**「授業」 **同学**：先生が生徒に呼びかける言葉
下星期「来週」 **见** 033 「会う」

Liǎnsè　hěn　búcuò　ma

脸色很不错[嘛]。

顔色がなかなかいいですね。

▶ **脸色** 254 「顔色」 **很** 425 「とても」 **不错**「なかなかよい」

Zhǐshì　méi　wèikou　bà le

只是没胃口[罢了]。

ただ食欲がないだけです。

▶ **只是** 480 「ただ〜だけ」 **胃口**「食欲」

Wǎnfàn　hái　zǎozhe　ne

晚饭还早[着呢]。

夕飯はまだまだよ。

▶ **晚饭**「夕飯」 **还** 438 「まだ」 **早** 387 「早い」

Nǐ　gāngcái　shuō shénme　　láizhe

你刚才说什么[来着]？

あなたさっき何て言ったっけ？

▶ **刚才**「さっき」 **说** 106 「言う」 **什么** 016 「何」

Yǒu　shìr　gěi　wǒ dǎ diànhuà a

有事儿[给]我打电话啊。

何かあったら私にお電話ください。

▶ **事儿** 251 「こと」 **打电话** 145 「電話する」 **啊** 042 ：語気助詞《催促》

Qǐng　nǐ bāng bangmáng

[请]你帮帮忙。

ちょっと手伝ってください。

▶ **帮忙** 297 「手伝う」

| 1回目 | 年 月 日 ／7 | 2回目 | 年 月 日 ／7 | 3回目 | 年 月 日 ／7 | 達成率 9 % |

050

shíhou

时候

シーホウ

(名) 時
- 動詞・形容詞＋**的时候**「〜な時」

051

diǎn

点

ディエン

(量) 〜時
- **几点**「何時」

052

kè

刻

コォー

(量) 15 分
- **一刻**「15 分」，**三刻**「45 分」のみ
  で**两刻**とは言わない

053

fēn

分

フェン

(量) 〜分
- **一分钟**「1 分間」

054

miǎo

秒

ミアオ

(量) 〜秒

055

chà

差

チャー

(動) 欠けている，足りない
- **差〜分…点**「…時〜分前」

056

guò

过

グオ

(動) 過ぎる
(助) 〜したことがある
- **〜点过…分**「〜時…分」

08

Kāihuì de shíhou， qǐng bǎ shǒujī guāndiào
开会的 时候 ，请把手机关掉。
会議を開く時は，携帯電話の電源を切ってください。
▶ **把**＋ **A** ＋ **B**「AをBの状態にする」 **手机 143**「携帯」 **关掉**「電源を切る」

Jǐ diǎn jiànmiàn
几点 见面？
何時に会いますか。
▶ **见面 033**「会う」

Wǒ Měitiān qī diǎn yíkè qǐchuáng
我每天 七点一刻 起床。
私は毎日7時15分に起きます。
▶ **每天 068**「毎日」 **起床 213**「起きる」

Qǐng shāo děng liǎng sān fēnzhōng
请稍等 两三分钟 。
2，3分お待ちください。
▶ **请 049**「どうぞ～してください」 **稍 437**「少し」 **等 307**「待つ」

Yào zhēnxī yì fēn yì miǎo
要珍惜 一分一秒 。
1分1秒を大切にすべきです。
▶ **要 333**＋動詞「～しなければならない」 **珍惜**「大切にする」

Chà wǔ fēn liǎng diǎn
差 五分两点。
2時5分前です。
▶2は，時間の場合は「**两**」を用いるが，分や秒には「**二**」を用いる

Xiànzài liù diǎn guò wǔ fēn
现在六点 过 五分。
今，6時5分です。
▶ **现在 057**「今」

| 1回目 | 年 月 日 ／7 | 2回目 | 年 月 日 ／7 | 3回目 | 年 月 日 ／7 | 達成率 **11 %** |

057

xiànzài

现在

シエンザイ

（名）今，現在

058

xiǎoshí

小时

シャオシー

（量）〜時間
- **一个小时**「1 時間」

059

ge

个

ゴォ

（量）〜個《人にも使う》
- **这个(人)**「この(人)」

060

suì

岁

スイ

（量）〜歳
- **大**＋数字＋**岁**「〜歳上だ」

061

cì

次

ツー

（量）〜回
- **几次**「何回」

062

gōngjīn

公斤

ゴォンジン

（量）キログラム

063

zhǒng

种

チョォン

（量）種類《人や事物を数える》

09

Xiànzài jǐ diǎn

现在 几点？

今何時ですか。

▶ **几点** 051「何時」

Yì tiān gōngzuò bā ge xiǎoshí

一天工作 八个小时。

一日8時間働きます。

▶ **一天** 067「一日」 **工作** 149「働く」

Zhègerén shì shéi

这个人 是谁？

この人は誰ですか。

▶ **谁** 015「だれ」

Háizi jǐ suì le

孩子几 岁 了？

子供は何歳ですか。

▶ **孩子** 093「子供」 **几** 028「いくつ《10以下を聞く》」 **了** 036：語気助詞《状況の変化》

Yì nián huí jǐ cì guó

一年回 几次 国？

年に何回国へ帰りますか。

▶ **回** 225「帰る」

Yòu shòu le liǎng gōngjīn

又瘦了两 公斤。

また2キロやせました。

▶ **又** 449「また」 **瘦** 377「やせている」 **了** 036：語気助詞《状態の変化》

Zhè zhǒng jiāotōngkǎ hěn fāngbiàn

这种 交通卡很方便。

この交通カードはとても便利です。

▶ **交通卡**「交通カード」 **很** 425「とても」 **方便** 410「便利だ」

064
nián
年
ニエン

(名) 年
- **一年**「1 年」

065
yuè
月
ユエ

(名) 〜月
- **一个月**「1 か月」
- **下个月**「来月」

066
hào / rì
号/日
ハオ/リー

(名) 〜日
- "**号**"は会話，"**日**"は文章で用いる
- **几月几号**「何月何日」

067
tiān
天
ティエン

(名) 日，空
- **天黑**「日が暮れる」
- **一天**「一日」
- **几天**「数日」

068
měitiān
每天
メイティエン

(名) 毎日

069
xīngqī
星期
シィンチー

(名) 〜週，曜日
- **星期一**「月曜日」**星期五**「金曜日」
- **星期天**「日曜日」
- **一个星期**「1 週間」

070
lǐbài
礼拜
リーバイ

(名) 〜週《口語》
- **礼拜一**「月曜日」
- **礼拜天**「日曜日」
- **一个礼拜**「1 週間」

Wǒ xué le liǎng nián Hànyǔ

我学了 两年 汉语。

私は中国語を学んで2年になります。

▶ **了** 036 : 語気助詞《状態の変化》 **汉语**「中国語」

Yǐjīng sì yuè le

已经 四月 了。

もう4月になりました。

▶ **已经** 433「すでに」 **了** 036 : 語気助詞《状態の変化》

Nǐ de shēngrì shì jǐ yuè jǐ hào

你的生日是 几月几号 ?

あなたの誕生日は何月何日ですか。

▶ **生日**「誕生日」

Tiān hēi le kuài huí jiā ba

天 黑了，快回家吧。

日が暮れましたし，早く家に帰りましょう。

▶ **快** 384「早く」 **回** 225「帰る」 **吧** 041 : 語気助詞《提案》

Měitiān bèi wǔ ge dāncí

每天 背五个单词。

毎日単語を5つ覚えます。

▶ **背**「覚える」 **个** 059「～個」 **单词** 137「単語」

Jīntiān xīngqī jǐ

今天 星期 几?

今日は何曜日ですか。

▶ **今天**「今日」 **几** 028「いくつ《10以下を聞く》」

Lǐbài tiān bù gōngzuò

礼拜天 不工作。

日曜日は働きません。

▶ **不** 424 ＋動詞「～しない」 **工作** 149「働く」

| 1回目 | 年 月 日 ／7 | 2回目 | 年 月 日 ／7 | 3回目 | 年 月 日 ／7 | 達成率 **14 %** |

29

071 ☐
☐
☐
zhōu
周
チョウ

〔名〕〜週（間）
- **周一**「月曜日」
- **周日**「日曜日」
- **一周**「1週間」

072 ☐
☐
☐
zǎoshang
早上
ザオシャン

〔名〕朝
- **早上好**「おはよう」

073 ☐
☐
☐
wǎnshang
晚上
ワンシャン

〔名〕夕方，晩
- **晚上好**「こんばんは」

074 ☐
☐
☐
shàngwǔ
上午
シャンウー

〔名〕午前

075 ☐
☐
☐
zhōngwǔ
中午
ヂョンウー

〔名〕正午，昼

076 ☐
☐
☐
xiàwǔ
下午
シアウー

〔名〕午後

077 ☐
☐
☐
báitiān
白天
バイティエン

〔名〕昼間

Zhōu èr   méiyǒu   Hànyǔ kè

周二 没有汉语课。

火曜日は中国語の授業がありません。

▶ **没有** 035「〜がない」 **汉语**「中国語」 **课**「授業」

Zǎoshang   jǐ diǎn kāimén

早上 几点开门？

朝何時に開店ですか。

▶ **几点** 051「何時」 **开门**「開店する」

Wǎnshang   qù kàn diànyǐng

晚上 去看电影。

夜に映画を見に行きます。

▶ **去** 029＋動詞「〜(し)に行く」 **看** 182「見る」 **电影** 176「映画」

Shàngwǔ   yǒu ge huìyì

上午 有个会议。

午前中に会議が1つあります。

▶ **有** 034「〜がある」 **个** 059「〜個」 **会议**「会議」

Zhōngwǔ   xiūxi   yí ge xiǎoshí

中午 休息一个小时。

お昼に1時間休みます。

▶ **休息** 154「休憩する」 **一个小时** 058「1時間」

Xiàwǔ   yǒu shíjiān ma

下午 有时间吗？

午後，時間はありますか。

▶ **吗** 037：語気助詞《疑問》

Báitiān   bú zài jiā

白天 不在家。

昼間は家にいません。

▶ **不** 424＋動詞「〜(し)ない」 **在** 032「〜にいる」

| 1回目 | 年 月 日 ／7 | 2回目 | 年 月 日 ／7 | 3回目 | 年 月 日 ／7 | 達成率 **15 %** |

078 □ □ □
bàngwǎn
傍晚
バァンワン

名 夕方

079 □ □ □
yèli
夜里
イエリー

名 夜, 夜中

080 □ □ □
de duō
〜得多
ダ ドゥオ

ずっと〜だ

081 □ □ □
yìdiǎnr
一点儿
イーディアル

数量 少し, ちょっと《動作を行う量が少ない》
▪ **点儿**「少し」

082 □ □ □
yíxiàr
一下儿
イーシアル

数量 少し, ちょっと《動作の程度が軽い》

083 □ □ □
yíhuìr
一会儿
イーホアル

名 少し, ちょっと《動作を行う時間が短い》

084 □ □ □
yìxiē
一些
イーシエ

数量 少し, いくらかの《相対的にわずかな数量・程度を示す》

Bàngwǎn de xīyáng tài měi le

傍晚 的夕阳太美了。

夕方の夕日は美しすぎます。

▶ **夕阳**「夕日」 **太+形容詞+了** 428「〜すぎる，とても〜だ」

Yèli hěn ānjìng

夜里 很安静。

夜中はとても静かです。

▶ **很** 425「とても」 **安静**「静かだ」

Běijīng bǐ Shànghǎi lěngde duō

北京比上海冷 得多。

北京は上海よりずっと寒いです。

▶ **比** 502「〜より《比較》」 **冷** 365「寒い」

Nǐ yě lái chī yìdiǎnr ba

你也来吃 一点儿 吧。

あなたもこっちに来て少し食べなさい。

▶ **也** 451「〜もまた」 **吃** 209「食べる」 **吧** 041：語気助詞《提案》

Ràng wǒ xiǎng yíxiàr

让我想 一下儿。

ちょっと考えさせてください。

▶ **让** 486「〜させる」 **想** 329「考える」

Xiūxi yíhuìr ba

休息 一会儿 吧。

少し休みましょう。

▶ **休息** 154「休憩する」 **吧** 041：語気助詞《提案》

Háiyǒu yìxiē xiǎo wèntí

还有 一些 小问题。

まだいくつか小さい問題があります。

▶ **还** 438「まだ」 **有** 034「〜がある」 **问题** 252「問題」

文法復習① 声調

　中国語は一つ一つの音節に，高低や上げ下げの調子＝声調（tone）が付いています。私たちが学ぶ「共通語」には，このような調子が4種類あり，これを「四声」と呼びます。同じ ma でも声調が異なれば意味もまったく違ってしまいます。

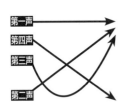

第一声：高く平らにのばす。mā [妈]（お母さん）

第二声：一気に引き上げる。má [麻]（麻）

第三声：低く低く抑える。mǎ [马]（馬）

第四声：急激に下げる。mà [骂]（ののしる）

軽　声：軽く短く添える。māma [妈妈]（お母さん）

声調の付け方

① 母音が1つの時は，その上に付ける（mā [妈]）。

② 母音が複数ある時は，a があれば a の上（tián [田]），a がなければ o または e の上（gōng [工]，mèi [妹]），i と u が並んだ場合は後ろのほうに付ける（qiú [球]，guì [贵]）。

③ i に付ける時は上の点をとって付ける（mǐ [米]）。

声調の変化

① 第三声＋第三声は第二声＋第三声に変化する。

　你好 nǐhǎo → níhǎo

　＊ただし，声調記号は第三声のまま付けておく。

② "不" は第四声だが，後に第四声が続くと第二声に変化する。

bù + {
第一声 bùchī [**不吃**]
第二声 bùxíng [**不行**]
第三声 bùhǎo [**不好**]
} →変化なし。

bù + 第四声→第二声 bú に変化。búzài [**不在**]

③ "一" はもともと第一声だが，後に第一声，第二声，第三声が続くと，第四声に変わり，第四声が続くと第二声に変わる。

$$yī + \begin{cases} 第一声 \\ 第二声 \\ 第三声 \end{cases} \rightarrow 第四声 yì に変化。 \begin{cases} yìzhāng [\textbf{一张}] \\ yìháng [\textbf{一行}] \\ yìběn [\textbf{一本}] \end{cases}$$

yī + 第四声→第二声 yí に変化。yíkuài [**一块**]

まとめて覚えよう―時期を表す名詞

前天	qiántiān チエンティエン	一昨日
昨天	zuótiān ズオティエン	昨日
今天	jīntiān ジンティエン	今日
明天	míngtiān ミィンティエン	明日
后天	hòutiān ホウティエン	明後日
上(个)星期	shàng (ge) xīngqī シャン（ゴォ）シィンチー	先週
这(个)星期	zhè (ge) xīngqī チョー（ゴォ）シィンチー	今週
下(个)星期	xià (ge) xīngqī シア（ゴォ）シィンチー	来週
上(个)月	shàng (ge) yuè シャン（ゴォ）ユエ	先月
这(个)月	zhè (ge) yuè チォー（ゴォ）ユエ	今月
下(个)月	xià (ge) yuè シア（ゴォ）ユエ	来月
前年	qiánnián チエンニエン	一昨年
去年	qùnián チュィニエン	去年
今年	jīnnián ジンニエン	今年
明年	míngnián ミィンニエン	来年
后年	hòunián ホウニエン	再来年

085

bàba

爸爸

バーバ

名 パパ，お父さん
- 人に紹介する時は**父亲** fùqīn「父」
- **爷爷** yéye「(父方の) 祖父」
- **奶奶** nǎinai「(父方の) 祖母」

086

māma

妈妈

マーマ

名 ママ，お母さん
- 人に紹介する時は**母亲** mǔqīn「母」。
- **老爷** lǎoye「(母方の) 祖父」
- **姥姥** lǎolao「(母方の) 祖母」

087

zìjǐ

自己

ズージー

名 自分

088

gēge

哥哥

ゴォーゴォ

名 兄，兄さん《呼びかけ》

089

dìdi

弟弟

ディーディ

名 弟《呼びかけにも用いる》

090

jiějie

姐姐

ジエージエ

名 姉，姉さん《呼びかけ》

091

mèimei

妹妹

メイメイ

名 妹《呼びかけにも用いる》

Nǐ bàba zuò shénme gōngzuò
你 爸爸 做 什 么 工 作 ？
パパはどんなお仕事をしているの？
▶ **做** 208「する」 **什么** 016「何」 **工作** 149「仕事」

Nǐ māma hǎo niánqīng a
你 妈妈 好 年 轻 啊 ！
あなたのママってとても若いね。
▶ **好** 389「とても～だ」 **年轻**「若い」 **啊** 042：語気助詞《感嘆》

Wǎnfàn zìjǐ zuòzhe chī
晚 饭 自己 做 着 吃 。
晩御飯は自分で作って食べます。
▶ **做** 208「作る」 **着** 039：助詞《動作の方式を示す》 **吃** 209「食べる」

Wǒ gēge hái méi jiéhūn
我 哥哥 还 没 结 婚 。
私の兄はまだ結婚していません。
▶ **还没** 438＋動詞「まだ～しない」 **结婚** 193「結婚する」

Wǒ dìdi jīnnián gāng bìyè
我 弟弟 今 年 刚 毕 业 。
私の弟は今年卒業したばかりです。
▶ **刚** 454＋動詞「～したばかり」 **毕业**「卒業する」

Jiějie bǐ wǒ dà liǎng suì
姐姐 比 我 大 两 岁 。
姉は私より2歳上です。
▶ **比** 502「～より《比較》」 **大**＋数字＋**岁** 060「～歳上だ」

Mèimei bǐ wǒ gèzi gāo
妹妹 比 我 个 子 高 。
妹は私より背が高いです。
▶ **个子** 258「身長」 **高** 372「高い」

| 1回目 | 年 月 日 ／7 | 2回目 | 年 月 日 ／7 | 3回目 | 年 月 日 ／7 | 達成率 **18 %** |

092

dàrén

大人

ダーレン

名 大人
- **大人们**「大人たち」

093

háizi

孩子

ハイズ

名 子供
- **孩子们**「子供たち」
- **小男孩**「男の子」
- **小女孩**「女の子」

094

nánde

男的

ナンダ

名 男の人
- **女的** nǚde「女の人」

095

péngyou

朋友

ポォンヨウ

名 友達
- **男朋友**「彼氏」
- **女朋友**「彼女《恋人》」

096

xiānsheng

先生

シエンション

名 〜さん《男性》, 主人《自分の夫または人の夫を指す》
- **小姐** xiǎojie「〜さん《未婚女性》」

097

xuésheng

学生

シュエション

名 学生

098

lǎoshī

老师

ラオシー

名 先生

14

Dàrénmen bú zài jiā ma

大人们 不在家吗？

大人たちは家にいませんか。

▶ **不** 424 ＋動詞「～(し)ない」 **在** 032「～にいる」 **吗** 037：語気助詞《疑問》

Háizimen zài yuànzili wánr

孩子们 在院子里玩儿。

子供たちは庭で遊んでいます。

▶ **在** 032 ＋場所「～で」 **院子**「庭」 **里**「中」 **玩儿** 279「遊ぶ」

Nánde bù kěyǐ jìnqu

男的 不可以进去。

男の人は入ってはいけません。

▶ **可以** 337「～できる」 **进去**「入っていく」

Wǒ yǒu hěn duō péngyou

我有很多 朋友。

私は友達がたくさんいます。

▶ **有** 034「～がいる」 **很** 425「とても」 **多** 368「多い」

Zhèwèi shì Shànghǎi fēngōngsī de Wáng xiānsheng

这位是上海分公司的王 先生。

こちらは上海支社の王さんです。

▶ **这位**「この方」 **分公司** 156「支社」

Zhège xuésheng hěn yōuxiù

这个 学生 很优秀。

この学生はとても優秀です。

▶ **这个**「この」 **优秀**「優秀だ」

Lǎoshī duì wǒmen hěn yángé

老师 对我们很严格。

先生は私たちに対してとても厳しいです。

▶ **对** 497「～に対して」 **严格**「厳しい」

| 1回目 | 年 月 日 ／7 | 2回目 | 年 月 日 ／7 | 3回目 | 年 月 日 ／7 | 達成率 19 % |

099

zìwǒ jièshào

自我介绍

ズーウォー ジエシャオ

名 自己紹介
- **做自我介绍**「自己紹介する」

100

míngzi

名字

ミィンズ

名 名前

101

xuéxiào

学校

シュエシアオ

名 学校

102

dàxué

大学

ダーシュエ

名 大学

103

jiàoshì

教室

ジアオシー

名 教室

104

liúxué

留学

リウシュエ

動 留学する
名 留学
- **留学生** liúxuéshēng「留学生」

105

xué

学

シュエ

動 学ぶ，習う
- **学习** xuéxí「学習する」

Qǐng nǐ zuò yíxiàr zìwǒ jièshào
请你做一下儿 自我介绍 。
自己紹介をお願いします。
▶ **请** 049 「どうぞ～してください」 **一下儿** 082 「ちょっと」

Nǐ jiào shénme míngzi
你叫什么 名字 ?
お名前は何ですか。
▶ **叫** 487 「(名前は)～という」 **什么** 016 「何」

Xuéxiào lí jiā hěn jìn
学校 离家很近。
学校は家からとても近いです。
▶ **离** 493 +場所「～から」 **很** 425 「とても」 **近** 383 「近い」

Dàxué zhuānyè shì shénme
大学 专业是什么？
大学の専攻は何ですか。
▶ **专业** 「専攻」

Jiàoshì li zhǐyǒu yí ge rén
教室 里只有一个人。
教室内には 1 人しかいません。
▶ **只有** 「ただ～しかいない」 **里** 「中」 数字+**个人** 「～人」

Tā qù Měiguó liúxué le
他去美国 留学 了。
彼はアメリカへ留学しました。
▶ **去** 029 +場所+動詞「『場所』に～しに行く」 **美国** 「アメリカ」

Shǔjià wǒ dǎsuan xué kāichē
暑假我打算 学 开车。
私は夏休みに運転を学ぶつもりです。
▶ **暑假** 「夏休み」 **打算** 「～するつもりだ」 **开车** 306 「運転する」

106 □□□
shuō
说
シュオー

動 言う，話す
▪ **说话**「しゃべる，話をする」

107 □□□
jiāo
教
ジアオ

動 教える

108 □□□
míngbai
明白
ミィンバイ

動 わかる
形 明らかである
▪ **不明白**「わからない」

109 □□□
zhīdao
知道
チーダオ

動 知っている，わかる
▪ **不知道**「知らない，わからない」

110 □□□
jīngtōng
精通
ジィントォン

動 よく知っている，精通
している

111 □□□
rènshi
认识
レンシ

動 見知っている
名 認識

112 □□□
chídào
迟到
チーダオ

動 遅刻する

16

Qǐng nǐ màn diǎnr shuō

请你慢点儿[说]！

もう少しゆっくり話してください！

▶ 慢 386「遅い」 点儿 081「少し」

Nǐ jiāo wǒ Hànyǔ hǎo ma

你[教]我汉语，好吗？

あなたが私に中国語を教えてくれませんか。

▶ 汉语「中国語」 ～，好吗?「～，いいですか」

Duìbuqǐ wǒ háishi bù míngbai

对不起，我还是不[明白]。

すみません，私はまだわかりません。

▶ 对不起「すみません」 还是 485「まだ」 不 424＋動詞「～(し)ない」

Bù zhīdao gāi zěnme bàn hǎo

不[知道]该怎么办好。

どうすればいいかわかりません。

▶ 该 336「～すべきだ」 怎么 020「どのように」 办「行う」 好 389「よい」

Tā jīngtōng sì mén wàiyǔ

他[精通]四门外语。

彼は四か国語を使いこなせます。

▶ ～门外语「～か国語」

Nǐmen shì zěnme rènshi de

你们是怎么[认识]的？

あなたたちはどうやって知り合ったんですか。

▶ 是～的：過去の出来事の時間・場所・方法などを強調

Qiānwàn bú yào chídào

千万不要[迟到]。

絶対遅刻しないでください。

▶ 千万「必ず」 不要 334＋動詞「～してはいけない」

| 1回目 | 年 月 日 ／7 | 2回目 | 年 月 日 ／7 | 3回目 | 年 月 日 ／7 | 達成率 22 % |

43

113

zhàn

站

チャン

動 立つ；止まる
- **站起来**「立ち上がる」

114

zuò

坐

ズオ

動 座る

115

kuā

夸

クアー

動 ほめる；誇張する

116

zhùyì

注意

チュウイー

動 注意する

形 注意深い

117

kǎoshì

考试

カオシー

動 試験をする；試験を受ける

名 試験

118

kǎoshang

考上

カオシャン

動 試験に合格する

119

bìyè

毕业

ビーイエ

動 卒業する

17

Qǐng nǐ   zhànqilai
请 你 站 起 来 。

立ってください。

▶ **请** 049「どうぞ～してください」 動詞＋**起来**：複合方向補語

Zuò   zhèr   děng   yíhuìr   ba
坐 这 儿 等 一 会 儿 吧 。

ここに座ってしばらく待ってください。

▶ **这儿** 023「ここ」 **等** 307「待つ」

Bié kuā   wǒ le
别 夸 我 了 。

私を褒めないでくださいよ。

▶ **别～了**「～するな《禁止・制止》」

Zhùyì   ānquán   a
注 意 安 全 啊 !

安全に気を付けてください。

▶ **啊** 042：語気助詞《念押し》

Hǎohāor   zhǔnbèi   kǎoshì   ba
好 好 儿 准 备 考 试 吧 。

ちゃんと試験の準備をしてください。

▶ **好好儿**「ちゃんと」 **准备**「準備する」 **吧** 041：語気助詞《依頼》

Zhōngyú kǎoshang   Běijīng   dàxué   le
终 于 考 上 北 京 大 学 了 。

ついに北京大学に受かりました。

▶ **终于**「ついに」 **了** 036：語気助詞《状況の発生》

Bìyè   liǎng nián le
毕 业 两 年 了 。

卒業して2年です。

▶ **了** 036：語気助詞《状況の変化》

120
zì
字
ズー

名 字

121
qiānbǐ
铅笔
チエンビー

名 鉛筆
- **自动铅笔**「シャープペンシル」
- **圆珠笔** yuánzhūbǐ「ボールペン」

122
běnzi
本子
ベンズ

名 ノート

123
zhǐ
纸
チー

名 紙
- **一张纸**「1枚の紙」

124
xiě
写
シエ

動 書く
- **写信**「手紙を書く」

125
jìxia
记下
ジーシア

動 書き留める；覚える

126
cā
擦
ツァー

動 消す；ぬぐい取る

18

Zhège zì zěnme dú

这个 字 怎么读？

この字は何と読みますか。

▶ **这个**＋名詞「この～」 **怎么 020**「どのように」 **读 132**「読む」

Qǐng yòng qiānbǐ xiě

请用 铅笔 写。

鉛筆で書いてください。

▶ **请 049**「どうぞ～してください」 **用 331**「～で《手段・道具》」 **写 124**「書く」

Wǒ wàng dài le nǐ de běnzi

我忘带了你的 本子。

あなたのノートを持ってくるのを忘れました。

▶ **忘 323**「忘れる」 **带**「持っていく」 **了 036**：動態助詞《動作の実現や完了》

Gěi wǒ yì zhāng zhǐ

给我 一张纸。

紙を1枚ください。

▶ **给 048**＋ **A** ＋ **B**「A に B を与える」

Gěi shéi xiě xìn ne

给谁 写信 呢？

誰に手紙を書いてるんですか。

▶ **给 048**「～に対して」 **谁 015**「だれ」 **呢 040**：語気助詞《疑問》

Qǐng jìxia nǐ de diànhuà hàomǎ

请 记下 你的电话号码。

あなたの電話番号を書いてください。

▶ **请 049**「どうぞ～してください」 **电话号码 142**「電話番号」

Yòng xiàngpí cā gānjìng

用橡皮 擦 干净。

消しゴムできれいに消しなさい。

▶ **橡皮**「消しゴム」 **干净 408**「きれいだ」

127
shū

书

シュー

名 本
- 一本书「1 冊の本」

128
cídiǎn

词典

ツーディエン

名 辞書

129
zázhì

杂志

ザーヂー

名 雑誌

130
túshūguǎn

图书馆

トゥーシューグアン

名 図書館

131
shūdiàn

书店

シューディエン

名 書店

132
dú

读

ドゥー

動 読む
- 念 niàn「(声を出して)読む」

133
shàngwǎng

上网

シャンワァン

動 インターネットに接続する

19

Wǒ qù mǎi yì běn shū

我去买一本 书 。

私は本を1冊買いにいきます。

▶ **去** 029 +動詞「～（し）に行く」 **买** 244 「買う」 **本**：「書物」を数える時の量詞

Nǐ dài cídiǎn le ma

你带 词典 了吗？

あなたは辞書を持っていますか。

▶ **带** 「持っていく」 **～了吗?** 037 「～しましたか」

Wǒ xǐhuan kàn zázhì

我喜欢看 杂志 。

私は雑誌を見るのが好きです。

▶ **喜欢** 197 +動詞「～するのが好きだ」 **看** 182 「（声に出さずに）読む」

Qù túshūguǎn jiè shū

去 图书馆 借书 。

図書館に本を借りにいきます。

▶ **去** 029 +場所＋動詞「《場所》に～しに行く」 **借** 245 「借りる」 **书** 127 「本」

Fùjìn yǒu hěn duō shūdiàn

附近有很多 书店 。

近くに本屋がたくさんあります。

▶ **附近** 「近く」 **有** 034 「～がある」 **很多** 「たくさん」

Qǐng zài dú yí biàn

请再 读 一遍 。

もう一度読んでください。

▶ **请** 049 「どうぞ～してください」 **再** 450 「また」 **一遍** 「一度」

Shàngwǎng chá yíxiàr

上网 查一下儿 。

インターネットでちょっと調べてみます。

▶ **查** 「調べる」 **一下儿** 082 「ちょっと」

1回目	年 月 日 ／7	2回目	年 月 日 ／7	3回目	年 月 日 ／7	達成率 26 %

134 □□□
bān
班
バン

名 クラス，組

135 □□□
huà
话
ホア

名 話

136 □□□
fāyīn
发音
ファーイン

名 発音

137 □□□
dāncí
单词
ダンツー

名 単語

138 □□□
zuòyè
作业
ズオイエ

名 宿題；作業，仕事
▪ **写作业**「宿題をする」

139 □□□
dá'àn
答案
ダーアン

名 答案

140 □□□
jì
记
ジー

動 覚える

20

Nǐmen bān yǒu duōshao xuésheng

你们 班 有 多 少 学 生 ？

あなたたちのクラスには生徒さんがどのくらいいますか。

▶ **有** 034 「～がいる」 **多少** 027 「いくつ《10 以上を聞く》」

Hǎohāor tīng huà a

好 好 儿 听 话 啊 ！

ちゃんと言うことを聞きなさいよ。

▶ **好好儿**「ちゃんと」 **听** 181 「聞く」 **啊** 042 ：語気助詞《催促》

Nǐ de fāyīn hěn hǎo

你 的 发 音 很 好 ！

あなたの発音はとてもいいです。

▶ **很** 425 「とても」 **好** 389 「よい」

Jì dāncí hěn zhòngyào

记 单 词 很 重 要 。

単語を覚えることがとても重要です。

▶ **重要**「重要だ」

Zuòyè xiě wán le ma

作 业 写 完 了 吗 ？

宿題は終わりましたか。

▶ **写** 124 「書く」 **完**「～し終わる《結果補語》」 **〜了吗?** 037 「〜しましたか」

Nǐ zhīdao dá'àn ma

你 知 道 答 案 吗 ？

あなたは答えを知ってますか。

▶ **知道** 109 「知っている」

Zǒngshì jì bu zhù zhège dāncí

总 是 记 不 住 这 个 单 词 。

いつもこの単語を覚えられません。

▶ **总是**「いつも」 **住**：可能補語 **这个**「この」

141
dìzhǐ
地址
ディーヂー

名 住所
- **电子邮件地址**「E メールアドレス」

142
diànhuà hàomǎ
电话号码
ディエンホアー ハオマー

名 電話番号

143
shǒujī
手机
ショウジー

名 携帯電話
- **手机号码**「携帯番号」

144
diànnǎo
电脑
ディエンナオ

名 パソコン

145
diànhuà
电话
ディエンホアー

名 電話
- **打电话**「電話する」
- **接** jiē **电话**「電話に出る」
- **回** huí **电话**「折り返し電話する」

146
fùyìn
复印
フーイン

動 コピーする

147
chuánzhēn
传真
チュアンヂェン

名 ファクス
- **发传真**「ファクスを送る」

21

Qǐng gàosu wǒ nín de diànzǐ yóujiàn dìzhǐ
请告诉我您的电子邮件[地址]。

メールアドレスを教えてください。

▶ **请** 049 「どうぞ～してください」 **告诉**「教える」

Nǐ de diànhuà hàomǎ shì duōshao
你的[电话号码]是多少？

あなたの電話番号は何番ですか。

▶ **多少** 027 「いくつ《10以上を聞く》」

Wǒ de shǒujī méi diàn le
我的[手机]没电了。

携帯のバッテリーが切れました。（直訳：私の携帯は電池がなくなりました）

▶ **没** 035 「～ない」 **电**「電池」 **了** 036：語気助詞《状況の変化》

Nǎinai bú huì yòng diànnǎo
奶奶不会用[电脑]。

おばあちゃんはパソコンが使えません。

▶ **奶奶** 085 「(父方の)祖母」 **不会** 339 ＋動詞「～できない」 **用** 331 「使う」

Tā zhèngzài gěi kèhù dǎ diànhuà ne
他正在给客户打[电话]呢。

彼はちょうどお客様と電話しているところです。

▶ **正在** 456 ＋動詞「ちょうど～している」 **给** 048 「～に対して」

Bāng wǒ fùyìn sān fèn
帮我[复印]三份。

3部コピーしてください。

▶ **帮** 296 「手伝う」 **份**「～人分」

Wǒ yào gěi kèhù fā chuánzhēn
我要给客户发[传真]。

私はお客様にファクスを送らなければなりません。

▶ **要** 333 ＋動詞「～すべきだ」 **客户**「お客」

148
dǎ
打
ダー

動 打つ；壊す
▪ **打字**「（パソコンで）文字を打つ」

149
gōngzuò
工作
ゴォンズオ

動 働く
名 仕事

150
zhíyè
职业
デーイエ

名 職業

151
shàngbān
上班
シャンバン

動 出勤する
▪ **下班** xiàbān「退勤する」
▪ **上下班**「通勤する」

152
chūchāi
出差
チュウチャイ

動 出張する

153
pài
派
パイ

動 派遣する

154
xiūxi
休息
シウシ

動 休憩する

22

Tā dǎ zì hěn kuài

他 打 字 很 快。

彼はパソコンの入力がとても速いです。

▶ 很 425「とても」 快 384「速い」

Zuìjìn gōngzuò máng ma

最近 工作 忙 吗？

最近，仕事は忙しいですか。

▶ 忙 393「忙しい」 吗 037：語気助詞《疑問》

Yǒu hěn duō zhǒng zhíyè

有 很 多 种 职业。

色々な種類の職業があります。

▶ 有 034「～がある」 很 425「とても」 种 063「種類」

Jǐ diǎn shàngbān

几点 上班？

何時に出勤しますか。

▶ 几点 051「何時」

Jīngcháng qù rìběn chūchāi

经常 去 日本 出差。

出張で日本によく行きます。

▶ 经常「いつも」 去 029＋場所＋動詞《場所》に～しに行く」

Gōngsī pài tā qù Běijīng gōngzuò liǎng nián

公司 派 他 去 北京 工作 两 年。

会社は彼に北京へ行き2年間働くよう辞令を出しました。

▶ 公司 156「会社」 他 008「彼」

Zuòxialai xiūxi yíhuìr ba

坐 下来 休息 一 会 儿 吧。

座って少し休んでください。

▶ 坐 114「座る」 動詞＋下来：複合方向補語 吧 041：語気助詞《依頼》

| 1回目 | 年 月 日 ／7 | 2回目 | 年 月 日 ／7 | 3回目 | 年 月 日 ／7 | 達成率 30 % |

55

155 □
□
□

cízhí

辞职

ツーチー

動 辞職する

---

156 □
□
□

gōngsī

公司

ゴォンスー

名 会社

- **公司职员** gōngsī zhíyuán「会社員」
- **分公司** fēngōngsī「支社」

---

157 □
□
□

tóngshì

同事

トォンシー

名 同僚

---

158 □
□
□

shàngsi

上司

シャンス

名 上司

---

159 □
□
□

gùkè

顾客

グーコォー

名 お客

---

160 □
□
□

yìjiàn

意见

イージエン

名 意見，考え；文句

---

161 □
□
□

pīpíng

批评

ピーピィン

動 批評する；叱責する

23

Wǒ dǎsuan xià ge yuè cízhí

我打算下个月 辞职。

私は来月辞職するつもりです。

▶ **打算**「〜するつもりだ」 **下个月** 065 「来月」

Tā yě shì gōngsī zhíyuán

他也是 公司职员。

彼も会社員です。

▶ **他** 008 「彼」 **也** 451 「〜もまた」 **是** 001 「〜である」

Gēn tóngshì yìqǐ qù chūchāi

跟 同事 一起去出差。

同僚と一緒に出張に行きます。

▶ **跟** 494 「〜と」 **一起** 435 「一緒に」 **出差** 152 「出張する」

Wǒ gēn shàngsi wèn yíxiàr ba

我跟 上司 问一下儿吧。

上司に聞いてみますよ。

▶ **跟** 494 「〜に」 **问** 165 「質問する」 **一下儿** 082 「ちょっと」 **吧** 041：語気助詞《提案》

Zhè wèi gùkè nín zhǎo shénme

这位 顾客，您找什么？

(こちらの)お客様，何かお探しでしょうか。

▶ **这位**「この方」 **您** 007 「あなた様」 **找** 325 「探す」 **什么** 016 「何」

Nín yǒu shénme yìjiàn ma

您有什么 意见 吗？

何か意見はありますか。

▶ **有** 034 「〜がある」 **吗** 037：語気助詞《疑問》

Bèi lǎoshī pīpíng le

被老师 批评 了。

先生に叱られました。

▶ **被** 489 「〜される」 **老师** 098 「先生」 **了** 036：語気助詞《状況の発生》

| 1回目 | 年 月 日 ／7 | 2回目 | 年 月 日 ／7 | 3回目 | 年 月 日 ／7 | 達成率 **32 %** |

162
shībài
失败
シーバイ

動 失敗する
名 失敗

163
kāishǐ
开始
カイシー

動 始まる
名 最初

164
tǎolùn
讨论
タオルン

動 討論する

165
wèn
问
ウェン

動 質問する

166
jìxù
继续
ジーシュイ

動 続ける

167
mìnglìng
命令
ミィンリィン

動 命令する
名 命令

168
mǎnyì
满意
マンイー

動 満足する
形 気に入っている

24

Bú yào pà shībài

不要怕[失败]。

失敗を怖がらないでください。

▶ **不要 334** ＋動詞「〜してはいけない」 **怕**「怖がる」

Huìyì yǐjīng kāishǐ le

会议已经[开始]了。

会議はすでに始まりました。

▶ **已经 433**「すでに」 **了 036**：語気助詞《状況の発生》

Zhège wèntí xià cì zài tǎolùn ba

这个问题下次再[讨论]吧。

この問題は今度また話し合いましょう。

▶ **这个**「この」 **下次**「次回」 **再 450**「もう一度」 **吧 041**：語気助詞《提案》

Yǒu bù dǒng de jǐnguǎn wèn wǒ

有不懂的，尽管[问]我。

わからないことがあれば遠慮なく私にご質問ください。

▶ **不懂**「わからない」 **〜的 038**「〜の(もの)」 **尽管**「遠慮なく」

Nǐmen jìxù liáo ba

你们[继续]聊吧。

あなたたちはおしゃべりを続けてください。

▶ **聊**「おしゃべりする」

Zhè shì gōngsī de mìnglìng

这是公司的[命令]。

これは会社の命令です。

▶ **公司 156**「会社」

Zhège tiáojiàn wǒmen hěn mǎnyì

这个条件我们很[满意]。

この条件に私たちは大満足です。

▶ **很 425**「とても」

文法復習② 数字の読み方

0	零	リィン líng	11	十一	シーイー shíyī	40	四十	スーシー sìshí
1	一	イー yī	12	十二	シーアール shíèr	50	五十	ウーシー wǔshí
2	二 / 两	アール リアン èr/liǎng	13	十三	シーサン shísān	60	六十	リウシー liùshí
3	三	サン sān	14	十四	シースー shísì	70	七十	チーシー qīshí
4	四	スー sì	15	十五	シーウー shíwǔ	80	八十	バーシー bāshí
5	五	ウー wǔ	16	十六	シーリウ shíliù	90	九十	ジウシー jiǔshí
6	六	リウ liù	17	十七	シーチー shíqī	100	一百	イーバイ yìbǎi
7	七	チー qī	18	十八	シーバー shíbā	千	一千	イーチエン yìqiān
8	八	バー bā	19	十九	シージウ shíjiǔ	万	一万	イーワン yíwàn
9	九	ジウ jiǔ	20	二十	アールシー èrshí	10万	十万	シーワン shíwàn
10	十	シー shí	30	三十	サンシー sānshí	1億	一亿	イーイー yíyì

部屋の番号，電話番号，郵便番号などの場合，"1"は一般的に"yāo"と読みます（**110** yāoyāolíng）。

"**二** èr"と"**两** liǎng"は両方とも"2"を表しますが，数量詞の前，あるいは量詞が付かない名詞の前ではふつう"**两**"を使います（**两杯咖啡** liǎng bēi kāfēi〔コーヒー2杯〕，**两本书** liǎng běn shū〔本2冊〕）。

数字の疑問詞

"**几**"は10以下の答えが予想される時，"**多少**"は数が多い場合に使います。

你家有几口人？（何人家族ですか）

你们公司有多少人？（あなたたちの会社には何人いますか）

中国人口有多少？（中国は人口がどれくらいですか）

まとめて覚えよう―量詞

量詞		量詞の後ろに付く名詞の種類
把	bǎ バー	柄や取っ手のある道具（傘，椅子，包丁など）
口	kǒu コウ	家庭の人数
首	shǒu ショウ	歌や曲，詞
件	jiàn ジエン	上着，事件
双	shuāng シュアン	対のもの（靴，箸など），左右対称の体の部位（目，耳，手，足など）
只	zhī チー	対（靴など）の片方，小動物（ウサギ，猫，犬など）
副	fù フー	2つ一組のもの，セットのもの
条	tiáo ティアオ	細長いもの（道，川，ズボン，ネクタイなど）
枝	zhī チー	棒状のもの（花，ペンなど）
张	zhāng チャン	平たいもの（チケット，紙など）
片	piàn ピエン	平らなもので面積・幅が広いもの（パン，薬など）
块	kuài クアイ	塊状のもの（飴，ケーキ，腕時計など）
篇	piān ピエン	文章
本	běn ベン	書物
门	mén メン	学科・技術などの科目
棵	kē コォー	植物
头	tóu トウ	家畜（豚，牛など）
辆	liàng リアン	車
座	zuò ズオ	自然（山など），建造物（ビル，宮殿など）
所	suǒ スオ	建築物（家，学校，病院など）
幅	fú フー	絵，地図

＊ 数字＋量詞＋名詞の形で用いる。（**一把雨伞** yì bǎ yǔsǎn）

169

yīnyuè

音乐

インユエ

名 音楽
- **听音乐**「音楽を聞く」

170

jíta

吉他

ジーター

名 ギター
- **弹吉他**「ギターを弾く」

171

gāngqín

钢琴

ガァンチン

名 ピアノ
- **弹钢琴**「ピアノを弾く」

172

kǎlā OK

卡拉OK

カーラー オーケー

名 カラオケ

173

gē

歌

ゴォー

名 歌
- **歌儿** gēr ともいう
- **一首歌**「1 曲の歌」

174

guāngpán

光盘

グアンパン

名 CD

175

diànshì

电视

ディエンシー

名 テレビ

25

Xǐhuan tīng shénme yīnyuè

喜欢听什么 音乐 ？

どんな音楽を聴くのが好きですか。

▶ **喜欢 197** ＋動詞「～するのが好きだ」 **听 181**「聴く」 **什么 016**「何」

Wǒ xiǎng mǎi yì bǎ zìjǐ de jíta

我想买一把自己的 吉他 。

自分のギターを買いたいです。

▶ **把**：「柄や取っ手のある道具」を数えるときの量詞 **自己 087**「自分」

Wǒ mèimei zhèngzài xué gāngqín

我妹妹正在学 钢琴 。

私の妹はピアノを習っています。

▶ **妹妹 091**「妹」 **正在 456**「ちょうど～している」 **学 105**「学ぶ」

Chángcháng qù kǎlāOK chàng gē

常常去 卡拉ＯＫ 唱 歌 。

よくカラオケに行って歌います。

▶ **常常 448**「よく」 **唱 179**「歌う」

Zhè shǒu gē shì shéi chàng de

这首 歌 是谁唱的？

この歌は誰が歌っていますか。

▶ **首**：「歌や曲」などを数える時の量詞 **谁 015**「だれ」

Zhè běn shū pèi yǒu guāngpán

这本书配有 光盘 。

この本にはＣＤが付いています。

▶ **本**：「書物」を数える時の量詞 **书 127**「本」 **配**「付ける」 **有 034**「～がある」

Wǒ zài kàn diànshì ne

我在看 电视 呢 。

私はテレビを見ています。

▶ **呢 040**：語気助詞《持続・進行》

1回目	年 月 日 ／7	2回目	年 月 日 ／7	3回目	年 月 日 ／7	達成率 **34 %**

176
diànyǐng
电影
ディエンイィン

名 映画

177
huàr
画儿
ホアル

名 絵
▪ **画画儿**「絵を描く」

178
jiémù
节目
ジエムー

名 番組；演目

179
chàng
唱
チャン

動 歌う

180
tán
弹
タン

動 弾く

181
tīng
听
ティン

動 聞く，聴く

182
kàn
看
カン

動 見る；診察してもらう；
《声を出さずに》読む

26

Diànyǐng hái méi kāishǐ

电影 还没开始。

映画はまだ始まっていません。

▶ **还没**＋動詞 438「まだ～しない」 **开始** 163「始まる」

Zhè fú huàr shì nǐ huà de ma

这幅 画儿 是你画的吗？

この絵はあなたが描いたのですか。

▶ **幅**：「絵」を数える時の量詞

Zhège jiémù hěn yǒu yìsi

这个 节目 很有意思。

この番組はとてもおもしろいです。

▶ **这个**「この」 **很** 425「とても」 **有意思** 412「おもしろい」

Nǐ chàngde tài hǎo le

你 唱 得太好了！

あなたは歌うのがとても上手ですね。

▶ **太**＋形容詞＋**了** 428「とても～だ」 動詞＋**得**＋様態補語 340

Wǒ bú huì tán gāngqín

我不会 弹钢琴。

私はピアノが弾けません。

▶ **不会** 339＋動詞「～できない」

Wǒ xǐhuan tīng liúxíng yīnyuè

我喜欢 听 流行音乐。

私はポップスを聴くのが好きです。

▶ **流行音乐**「ポップス」

Wǒ xǐhuan kàn mànhuà

我喜欢 看 漫画。

私は漫画を読むのが好きです。

▶ **喜欢** 197＋動詞「～するのが好きだ」

183

huà

画

ホア

動 描く

184

bōsòng

播送

ボーソォン

動 放送する

185

biǎoyǎn

表演

ビャオイエン

動 演じる, 演技[演奏]する;
実演してみせる
名 演技

186

tōngzhī

通知

トォンヂー

動 通知する
名 知らせ

187

qījiān

期間

チージエン

名 期間

188

dìfang

地方

ディーファン

名 場所

189

biàn

変

ビエン

動 変わる, 変える

27

Nǐ huàde zhēn hǎo

你 画 得 真 好！

あなた本当に上手に描けましたね。

▶ 動詞+**得**+様態補語 **340** **真** **427**「本当に」 **好** **389**「よい」

Zhège jiémù shénme shíhou bōsòng

这 个 节 目 什 么 时 候 播 送 ？

この番組はいつ放送されるんですか。

▶ **什么时候** **017**「いつ」 **节目** **178**「番組」

Biǎoyǎn jīngcǎi jí le

表 演 精 彩 极 了。

演出はとてもすばらしかったです。

▶ **精彩**「すばらしい」 形容詞+**极了**「とても～だ」

Qǐng mǎshàng tōngzhī wǒmen

请 马 上 通 知 我 们。

すぐ私たちにお知らせください。

▶ **请** **049**「どうぞ～してください」 **马上** **457**「すぐに」 **我们** **003**「私たち」

Shǔjià qījiān qù lǚyóu

暑 假 期 间 去 旅 游。

夏休み期間に観光に行きます。

▶ **暑假**「夏休み」 **去** **029**+動詞「～(し)に行く」 **旅游** **280**「観光する」

Zhège dìfang hěn rènao

这 个 地 方 很 热 闹。

この場所はとてもにぎやかです。

▶ **热闹**「にぎやかだ」

Wǒ de dìzhǐ biàn le

我 的 地 址 变 了。

私の住所が変わりました。

▶ **地址** **141**「住所」

190

hǎorén

好人

ハオレン

名 いい人，立派な人；お人好し

191

guānxi

关系

グァンシ

名 関係
- **人际关系**「人間関係」

192

ài

爱

アイ

動 愛する，好きだ

193

jiéhūn

结婚

ジエフン

動 結婚する
- **离婚** líhūn「離婚する」

194

fēnshǒu

分手

フェンショウ

動 別れる

195

shēngqì

生气

ショォンチー

動 怒る
名 元気

196

kū

哭

クー

動 泣く

28

Nǐ zhēn shì ge dà hǎorén

你 真 是 个 大 好人 ！

あなたは本当にいい人ですね。

▶ **真 427**「本当に」 **个**：量詞を名詞の前に置くことで気軽なニュアンスになる

Rénjì guānxi hěn fùzá

人际 关系 很 复杂 。

人間関係がとても複雑です。

▶ **很 425**「とても」 **复杂 397**「複雑である」

Wǒ ài chī là de

我 爱 吃 辣 的 。

私は辛い物（を食べるの）が好きです。

▶ **吃 209**「食べる」 **～的 038**「～の（もの）」 **辣**「辛い」

Gōngxǐ nǐ jiéhūn

恭喜 你 结婚 。

結婚おめでとうございます。

▶ **恭喜**「お祝いを述べる」

Wǒ gēn tā fēnshǒu le

我 跟 他 分手 了 。

彼と別れました。

▶ **跟 494**「～と」 **了 036**：語気助詞《状況の発生》

Bú yào shēngqì ma

不 要 生气 嘛 ！

怒らないでくださいよ。

▶ **不要 334**＋動詞「～してはいけない」 **嘛 044**：語気助詞《当然そうである》

Guāi háizi bié kū le

乖 孩子 ， 别 哭 了 。

おりこうさん，泣かないで。

▶ **乖孩子**「おりこうさん」 **别**＋動詞＋**了**「～しないで」

| 1回目 | 年 月 日 ／7 | 2回目 | 年 月 日 ／7 | 3回目 | 年 月 日 ／7 | 達成率 39 % |

197
xǐhuan
喜欢
シーフアン

動 好きである
形 うれしい

198
cài
菜
ツァイ

名 料理
▪ **点菜**「料理を注文する」

199
diézi
碟子
ディエズ

名 小皿
▪ **盘子** pánzi「大皿」より小さいもの
を指す

200
píngguǒ
苹果
ピィングオ

名 リンゴ

201
bīngqílín
冰淇淋
ビィンチーリン

名 アイスクリーム

202
dàngāo
蛋糕
ダァンガオ

名 ケーキ
▪ **生日蛋糕**「誕生日ケーキ」

203
niúnǎi
牛奶
ニウナイ

名 牛乳

29

Nǐ xǐhuan chī shénme
你 喜欢 吃 什么？
あなたは何が食べたいですか。
▶ **吃** 209「食べる」 **什么** 016「何」

Diǎn cài le ma
点 菜 了 吗？
料理は注文しましたか。
▶ **～了吗?** 037「～しましたか」

Diézi shuāisuì le
碟子 摔碎 了。
お皿を割ってしまいました。
▶ **摔碎**「落ちて砕ける」

Mǎi diǎnr píngguǒ ba
买点儿 苹果 吧。
リンゴを少し買いましょう。
▶ **买** 244「買う」 **吧** 041：語気助詞《提案》

Xiǎoháizi dōu ài chī bīngqílín
小孩子 都 爱 吃 冰淇淋。
子供はみんなアイスクリームが好きです。
▶ **(小)孩子** 093「子供」 **都** 434「みんな」 **爱** 192＋動詞「～するのが好きだ」

Shēngrì dàngāo mǎi hǎo le
生日 蛋糕 买 好 了。
誕生日ケーキは買っておきました。
▶ **生日**「誕生日」 動詞＋**好了**「～し終わった《結果補語》」

Měitiān zǎoshang dōu hē niúnǎi
每天 早上 都 喝 牛奶。
毎日朝牛乳を飲みます。
▶ **每天** 068「毎日」 **早上** 072「朝」 **喝** 210「飲む」

204 □
□
□
guòmǐnzhèng
过敏症
グオミンチョォン

(名) アレルギー

205 □
□
□
jiǔ
酒
ジウ

(名) 酒

206 □
□
□
píjiǔ
啤酒
ピージウ

(名) ビール

207 □
□
□
bēizi
杯子
ベイズ

(名) コップ

208 □
□
□
zuò
做
ズオ

(動) 作る；する

209 □
□
□
chī
吃
チー

(動) 食べる；(薬を)飲む
■ **吃药**「薬を飲む」

210 □
□
□
hē
喝
ホォー

(動) 飲む

30

Yǒu shíwù guòmǐnzhèng ma

有食物 过敏症 吗？

食品アレルギーはありますか。

▶ **有 034**「～がある」 **食物**「食品」 **吗 037**：語気助詞《疑問》

Nǐ huì hē jiǔ ma

你会喝 酒 吗？

あなたはお酒が飲めますか。

▶ **会 339**＋動詞「～できる」 **喝 210**「飲む」

Lái liǎng bēi píjiǔ

来两杯 啤酒 。

ビール2杯ください。

▶ **来**："买""要"の代わりに，買い物や料理の注文時によく使う口頭表現

Qǐng dàjiā jǔqi bēizi gānbēi

请大家举起 杯子 ，干杯 ！

みなさん，コップを持ち上げて，乾杯！

▶ **请 049**「どうぞ～してください」 **大家 014**「皆さん」 **举起**「持ち上げる」

Zhège dàngāo shì wǒ zuò de

这个蛋糕是我 做 的。

このケーキは私が作ったものです。

▶ **蛋糕 202**「ケーキ」 **是～的**：過去の出来事の主体・時間・場所などを強調

Wǒ zuì xǐhuan chī jiǎozi le

我最喜欢 吃 饺子了。

私は餃子が一番好きです。

▶ **最 441**「最も」 **饺子**「餃子」 **了 036**：語気助詞《程度の強調》

Qǐng hē chá

请 喝 茶。

お茶をどうぞ（お茶を飲んでください）。

▶ **请 049**「どうぞ～してください」

| 1回目 | 年 月 日 ／7 | 2回目 | 年 月 日 ／7 | 3回目 | 年 月 日 ／7 | 達成率 41 % |

73

211 □
□
□

cháng
尝
チャン

[動] 味わう

---

212 □
□
□

shēnghuó
生活
ションフオ

[動] 生活する
[名] 生活

---

213 □
□
□

qǐchuáng
起床
チーチュアン

[動] 起きる

---

214 □
□
□

zǎofàn
早饭
ザオファン

[名] 朝食
- **午饭** wǔfàn「昼食」
- **晚饭** wǎnfàn「夕食」

---

215 □
□
□

chīfàn
吃饭
チーファン

[動] ご飯を食べる

---

216 □
□
□

xǐ
洗
シー

[動] 洗う
- **洗手**「手を洗う」

---

217 □
□
□

xǐzǎo
洗澡
シーザオ

[動] 入浴する, シャワーを浴びる

31

Zhè shì wǒ lǎojiā de tèchǎn　nǐ chángchang

这 是 我 老 家 的 特 产，你 尝尝 ！

これは私の故郷の特産品なの，味見してみて！
▶ **老家 221**「故郷」 **特产**「特産品」

Xuéxiào shēnghuó hěn yǒu yìsi

学 校 生活 很 有 意 思。

学校生活はとても楽しいです。
▶ **很 425**「とても」 **有意思 412**「おもしろい」

Jǐ diǎn qǐchuáng

几 点 起床 ？

何時に起きますか。
▶ **几点 051**「何時」

Zǎofàn chī le méiyǒu

早饭 吃 了 没 有 ？

朝ごはんは食べましたか。
▶ **吃 209**「食べる」 **～了没有?**「～しましたか《反復疑問文》」

Lái wǒ jiā chī fàn ba

来 我 家 吃饭 吧 。

家にご飯を食べに来てください。
▶ **吧 041**：語気助詞《依頼》

Xiān qù xǐshǒu ba

先 去 洗手 吧 ！

先に手を洗いに行きましょう。
▶ **先 430**「先に」 **去 029**+動詞「～(し)に行く」 **吧 041**：語気助詞《提案》

Shuìjiào zhīqián yào xǐzǎo

睡 觉 之 前 要 洗澡 。

寝る前にお風呂に入らなければなりません。
▶ **睡觉 218**「寝る」 **之前**「～の前」 **要 333**+動詞「～すべきだ」

218
shuìjiào

睡觉

シュエイジアオ

動 寝る
- **睡**「寝る」
- **睡午觉**「昼寝する」

219
jiā

家

ジア

名 家，家庭

220
fángzi

房子

ファンズ

名 家，家屋

221
lǎojiā

老家

ラオジア

名 故郷

222
gōngyù

公寓

ゴォンユィ

名 アパート

223
wūzi

屋子

ウーズ

名 部屋《口語》
- **房间** fángjiān「部屋《文語》」

224
zhù

住

チュウ

動 住む，泊まる

32

Zǎo diǎnr shuìjiào ba

早点儿 睡觉 吧。

早めに寝ましょう。

▶ **早点儿** 387 「少し早めに」

Wǒ jiā yǒu sì kǒu rén

我家 有四口人。

うちは四人家族です。

▶ **有** 034 「～がある」 **口**：「家庭の人数」を数える時の量詞

Wǒmen gāng mǎi le yì suǒ fángzi

我们刚买了一所 房子。

私たちは家を買ったばかりです。

▶ **刚** 454 「～したばかり」 **所**：「建築物」を数える時の量詞

Chūnjié huí lǎojiā ma

春节回 老家 吗？

春節に故郷に帰りますか。

▶ **春节** 「春節」 **回** 225 「帰る」 **吗** 037：語気助詞《疑問》

Zhège gōngyù wàiguórén bǐjiào duō

这个 公寓 外国人比较多。

このアパートには外国人がわりと多いです。

▶ **这个** 「この」 **比较** 「わりと」

Zhège wūzi bǐjiào dà

这个 屋子 比较大。

この部屋はわりと大きいです。

▶ **大** 357 「大きい」

Nǐ zhù nǎr

你 住 哪儿？

どこに住んでいますか。

▶ **哪儿** 022 「どこ」

225

huí

回

ホエイ

[動] 帰る
- **回国**「帰国する」
- **回来**「帰ってくる」

226

dàmén

大门

ダーメン

[名] 正門
- **正门** zhèngmén「正門」
- **后门** hòumén「裏門」

227

lóutī

楼梯

ロウティー

[名] 階段
- **电梯** diàntī「エレベーター」
- **自动扶梯** zìdòng fútī「エスカレーター」

228

lóu

楼

ロウ

[名] 階, フロア

229

xǐshǒujiān

洗手间

シーショウジエン

[名] トイレ, お手洗い
- **厕所** cèsuǒ「トイレ」

230

xǐ yīfu

洗衣服

シー イーフ

[動] 洗濯する

231

dǎsǎo

打扫

ダーサオ

[動] 掃除する

33

Shénme shíhou huí guó

什么时候 回国 ？

いつ帰国しますか。

▶ **什么时候** 017 「いつ」

Gōngchǎng de dà mén hái méi kāi

工厂的 大门 还没开。

工場の正門はまだ開いてません。

▶ **还没**＋動詞 438 「まだ〜ない」

Tíngdiàn le Wǒmen děi pá lóutī le

停电了。我们得爬 楼梯 了。

停電しました。私たちは階段でのぼらないとなりません。

▶ **停电**「停電する」 **得** 340 ＋動詞「〜しなければならない」 **爬**「のぼる」

Nǐ zhù jǐ lóu

你住 几楼 ？

何階に住んでいますか。

▶ **住** 224 「住む」

Wǒ qù yíxiàr xǐshǒujiān

我去一下儿 洗手间 。

ちょっとトイレに行ってきます。

▶ **去** 029 ＋場所「〜に行く」 **一下儿** 082 「ちょっと」

Shí'èr diǎn yǐhòu bù kěyǐ xǐ yīfu

十二点以后不可以 洗衣服 。

12 時以降は洗濯してはいけません。

▶ **点** 051 「〜時」 **以后**「〜の後」 **不可以** 337 「〜できない」

Dǎsǎo de gāngānjìngjìng

打扫 得干干净净。

きれいに掃除しました。

▶ 動詞＋**得**＋様態補語 340 **干净** 408 「きれいだ」 **干干净净**：重ね型 (p.164)

| 1回目 | 年 月 日 ／7 | 2回目 | 年 月 日 ／7 | 3回目 | 年 月 日 ／7 | 達成率 46 % |

232
shōushi
收拾
ショウシ

動 片付ける

233
zhuōzi
桌子
チュオーズ

名 テーブル，机

234
yǐzi
椅子
イーズ

名 椅子

235
bīngxiāng
冰箱
ビィンシアン

名 冷蔵庫

236
huāpíng
花瓶
ホアーピィン

名 花瓶

237
shūjià
书架
シュージア

名 本棚

238
chuáng
床
チュアン

名 ベッド

34

Bāng wǒ shōushi yíxiàr

帮我 收拾 一下儿。

片付けをちょっと手伝ってください。

▶ 帮 297「手伝う」

Bǎ zhuōzi cā gānjìng ba

把 桌子 擦干净吧！

テーブルをきれいに拭いてください。

▶ 把＋**A**＋**B**「**A**を**B**の状態にする」 **擦**「ふく」 **干净** 408「きれいだ」

Zhè bǎ yǐzi huài le

这把 椅子 坏了。

この椅子は壊れてます。

▶ **把**：「柄や取っ手のある道具」を数えるときの量詞 **坏** 390「壊れる」

Bīngxiāng li shénme yě méiyǒu

冰箱 里什么也没有。

冷蔵庫の中は何もありません。

▶ **里**「中」 **什么也**「何も」 **没有** 035「〜がない」

Zhège huāpíng zài nǎr mǎi de

这个 花瓶 在哪儿买的？

この花瓶はどこで買ったんですか。

▶ **在** 032「〜で」 **哪儿** 022「どこ」 **买** 244「買う」

Shūjià shang bǎi mǎn le shū

书架 上摆满了书。

本棚には本がたくさん並べてあります。

▶ **摆**「並べる」 **满**「いっぱいにする」 **了** 036：動態助詞《動作の完了》

Zhège chuáng hǎo shūfu a

这个 床 好舒服啊！

このベッドとても気持ちいいですね。

▶ **好** 389＋形容詞「とても〜だ」 **舒服**「快適である」

239

shǒubiǎo

手表

ショウビアオ

名 腕時計

240

chāoshì

超市

チャオシー

名 スーパーマーケット

241

biànlìdiàn

便利店

ビエンリーディエン

名 コンビニ

242

yínháng

银行

インハァン

名 銀行

243

yóujú

邮局

ヨウジュィ

名 郵便局

244

mǎi

买

マイ

動 買う
■ **卖** mài「売る」

245

jiè

借

ジエ

動 借りる，借用する

35

Shǒubiǎo xiū hǎo le

手表 修好了。

腕時計は修理して直りました。

▶ **修** 300「修理する」動詞＋**好了**「～し終わった《結果補語》」

Qù chāoshì mǎi dōngxi

去 超市 买东西。

スーパーに買い物に行きます。

▶ **去** 029＋場所＋動詞「《場所》に～(し)に行く」　**买东西** 315「買い物をする」

Lóuxià jiù yǒu ge biànlìdiàn

楼下 就 有 个 便利店。

マンションのすぐ下にコンビニがあります。

▶ **楼下**「階下」　**就** 473「すぐそこに」

Qù yínháng qǔ diǎnr qián

去 银行 取 点儿 钱。

銀行に行ってお金を少しおろします。

▶ **取**「得る」　**点儿** 081「少し」　**钱** 260「お金」

Yóujú jǐ diǎn guānmén

邮局 几点关门？

郵便局は何時に閉めますか。

▶ **几点** 051「何時」　**关门**「閉店する」

Wǒ xiǎng qù mǎi jiàn yīfu

我 想 去 买 件 衣服。

私は上着を買いに行きたいです。

▶ **想** 329＋動詞「～したい」　**件**：「上着」を数える時の量詞　**衣服**「服」

Bù xiǎng gēn tā jiè

不 想 跟 他 借。

彼に借りたくありません。

▶ **不想** 330＋動詞「～したくない」　**跟** 494「～に」

1回目	年 月 日 ／7	2回目	年 月 日 ／7	3回目	年 月 日 ／7	達成率 48 %

246
sòng
送
ソォン

動 送る

247
yīyuàn
医院
イーユエン

名 病院

248
yīshēng
医生
イーショォン

名 医者

249
yào
药
ヤオ

名 薬
▪ **吃药**「薬を飲む」

250
gǎnmào
感冒
ガンマオ

動 風邪をひく
名 風邪

251
shìr
事儿
シール

名 こと，件

252
wèntí
问题
ウェンティー

名 問題

36

Wǒ qù jīchǎng sòng nǐ ba

我 去 机 场 [送] 你 吧 。

私が空港まで送りましょう。

▶ **机场** 308 「空港」 **吧** 041：語気助詞《提案》

Qù yīyuàn kànkan ba

去 [医 院] 看 看 吧 。

病院に行って診てもらいなさい。

▶ **看** 182 「診察してもらう」 **看看**：重ね型(p.164)

Wǒ bàba shì yīshēng

我 爸 爸 是 [医 生] 。

私のお父さんは医者です。

▶ **爸爸** 085 「お父さん」

Qǐng ànshí chī yào

请 按 时 吃 [药] 。

時間どおりに薬を飲んでください。

▶ **请** 049 「どうぞ〜してください」 **按时** 「時間どおり」

Gǎnmào hǎo le ma

[感 冒] 好 了 吗 ？

風邪はよくなりましたか。

▶ **好** 389 「良好な状態である」 **〜了吗?** 037 「〜しましたか」

Nín yǒu shénme shìr ma

您 有 什 么 [事 儿] 吗 ？

何か用事がありますか。

▶ **有** 034 「〜がある」 **什么** 016 「何」

Zhège wèntí nǐ lái jiějué ba

这 个 [问 题] 你 来 解 决 吧 。

この問題はあなたが解決してください。

▶ **来**：動詞の前に置かれ「これからその動作が行われる」ことを表す

| 1回目 | 年 月 日 ／7 | 2回目 | 年 月 日 ／7 | 3回目 | 年 月 日 ／7 | 達成率 50 % |

文法復習③　否定の表現

　"**不** bù" と "**没** méi" は動詞や形容詞の前に置かれ，否定を表す副詞ですが，その使い方には違いがあります。

動詞の場合

① "**不**" と "**没**" 両方とも使います。それぞれの疑問文の時制にも注目してください。

他今天来吗? (彼は今日来ますか)	他今天来了吗? (彼は今日来ましたか)
肯定：**来**	肯定：**来了**
否定：**不来**	否定：**没来**
＊現在・未来における動作の否定。	＊動作の発生や完了の否定。

② 経常的・習慣的なことや，知覚や感情を表す動詞の場合は "**不**" で否定します。

経常的・習慣的なこと	知覚・感情を表す動詞
彼は毎日朝ご飯を食べない。	彼女はこのニュースを知らない。
他每天不吃早饭。（○）	**她不知道这个消息。**（○）
他每天没吃早饭。（×）	**她没知道这个消息。**（×）

③ 判断を表す動詞 "**是**" の否定は "**不是**"，存在を表す動詞 "**有**" の否定は "**没有**" です。

形容詞の場合

　形容詞のほとんどは "**不**" で否定します。

　　离这儿不远。（ここから遠くありません）

　　今天不冷。（今日は寒くありません）

　形容詞によって表される状態の変化は "**没**" で否定します。

　　感冒还没好。（風邪がまだよくなりません）

　　衣服还没干。（服はまだ乾いていません）

你好！	Nǐ hǎo! ニー ハオ	こんにちは。
早上好！	Zǎoshang hǎo! ザオシャン ハオ	おはよう。
晚上好！	Wǎnshang hǎo! ワンシャン ハオ	こんばんは。
初次见面。	Chūcì jiànmiàn. チューツー ジエンミエン	はじめまして。
请多关照！	Qǐng duō guānzhào! チン ドゥオー グアンチャオ	どうぞよろしくお願いします。
认识你，很高兴！	Rènshi nǐ, hěn gāoxìng! レンシー ニー ヘン ガオシィン	会えてうれしいです。
好久不见！	Hǎojiǔ bújiàn! ハオジウ ブージエン	お久しぶりです。
过得好吗?	Guòde hǎo ma? グオダ ハオ マ	いかがお過ごしですか。
过得怎么样?	Guòde zěnmeyàng? グオダ ゼンマヤン	
再见！	Zàijiàn! ザイジエン	さようなら。
欢迎，欢迎！	Huānyíng, huānyíng! ホアンイィン ホアンイィン	ようこそ。／いらっしゃいませ。
欢迎光临！	Huānyíng guānglín! ホアンイィン グァンリン	
请进！	Qǐng jìn! チン ジン	どうぞお入りください。
请坐！	Qǐng zuò! チン ズオ	どうぞお座りください。
多吃一点儿！	Duō chī yìdiǎnr! ドゥオー チー イーディアル	たくさん食べてください。
请慢用！	Qǐng màn yòng! チン マン ヨン	ごゆっくりどうぞ。
别客气。	Bié kèqi. ビエ コーチ	遠慮しないでください。
多保重啊！	Duō bǎozhòng a! ドゥオー バオチョォン ア	お大事に。
慢走啊！	Mànzǒu a! マンゾウ ア	気を付けてお帰りください。

253

tóufa

头发

トウファ

(名) 髪の毛

- **剪头发**「髪を切る」

254

liǎn

脸

リエン

(名) 顔

- **洗脸**「洗顔する」
- **脸色**「顔色」

255

biǎoqíng

表情

ビャオチィン

(名) 表情，顔つき

256

yá

牙

ヤー

(名) 歯

- **牙齿** yáchǐ ともいう

257

shēntǐ

身体

シェンティー

(名) 体

258

gèzi

个子

ゴォーズ

(名) 身長

- **高** gāo **个子**「背の高い人」
- **矮** ǎi **个子**「背の低い人」

259

tǐzhòng

体重

ティーヂョン

(名) 体重

37

Nǐ jiǎn tóufa le ma

你剪 头发 了吗？

あなたは髪を切りましたか。

▶ **剪**「（はさみで）切る」 **~了吗?** 037 「～しましたか」

Tài rè le qù xǐxi liǎn

太热了，去洗洗 脸。

とても暑いです。顔を洗ってきます。

▶ **太**＋形容詞＋**了** 428 「とても～だ」 **热** 363 「暑い」 **洗** 216 「洗う」

Háizimen de biǎoqíng hěn yúkuài

孩子们的 表情 很愉快。

子供たちの表情はとても楽しそうです。

▶ **孩子** 093 「子供」 **~的** 038 「～の（もの）」 **很** 425 「とても」 **愉快**「楽しい」

Zuótiān kāishǐ yá yǒudiǎnr téng

昨天开始 牙 有点儿疼。

昨日から歯が少し痛いです。

▶ **昨天**「昨日」 **开始** 163 「始まる」 **有点儿** 429 「少し」 **疼**「痛い」

Duō bǎozhòng shēntǐ a

多保重 身体 啊 ！

体をお大事になさってください。

▶ **保重**「お大事に」 **啊** 042：語気助詞《催促》

Gèzi yǒu duō gāo

个子 有多高？

身長はどのくらいですか。

▶ **有多**＋形容詞「どのくらい～か」 **高** 372 「高い」

Tǐzhòng yǒu duōshao

体重 有多少？

体重はどのくらいありますか。

▶ **多少** 027 「いくつ《10 以上を聞く》」

1回目	年 月 日 ／7	2回目	年 月 日 ／7	3回目	年 月 日 ／7	達成率 **51 %**

260 □
□
□
qián
钱
チエン

名 お金
- **多少钱?**「いくらですか」
- **钱包**「財布」

261 □
□
□
língqián
零钱
リィンチエン

名 小銭；小遣い

262 □
□
□
huā
花
ホア

動 費やす
- **花钱**「お金を遣う」

263 □
□
□
huàn
换
フアン

動 換える

264 □
□
□
lǐwù
礼物
リーウー

名 プレゼント

265 □
□
□
jiāo
交
ジアオ

動 引き渡す，手渡す，納める

266 □
□
□
xiè
谢
シエ

動 お礼を言う
- **多谢。** Duōxiè.「ありがとう」

38

Yí ge duōshao qián

一个多少[钱]？

1個いくらですか。

▶个 059「〜個」

Nǐ yǒu língqián ma

你有[零钱]吗？

細かいお金(小銭)はありますか。

▶有 034「〜がある」 吗 037：語気助詞《疑問》

Bù kěyǐ luàn huā qián

不可以乱[花钱]。

お金を無駄遣いしてはいけません。

▶**不可以** 337「〜してはいけない」 **乱**「むやみに」

Wǒ yào huàn rénmínbì

我要[换]人民币。

人民元に両替したいんです。

▶**要** 333＋動詞「〜したい」 **人民币**「人民元」

Shōudào le hěn duō lǐwù

收到了很多[礼物]。

プレゼントをたくさんもらいました。

▶**收到**「受け取る」 **很多** 368「たくさん」

Zài nǎr kěyǐ jiāo diànhuà fèi

在哪儿可以[交]电话费？

どこで電話料金を払えますか。

▶**在** 032「〜で」 **哪儿** 022「どこ」 **电话费**「電話料金」

Xièxie nín de hǎoyì

[谢谢]您的好意。

ご親切にどうもありがとうございます。

▶**好意**「好意，善意」

267

chūntiān

春天

チュンティエン

名 春
- **夏天** xiàtiān「夏」

268

dōngtiān

冬天

ドォンティエン

名 冬
- **秋天** qiūtiān「秋」

269

xuě

雪

シュエ

名 雪
- **滑雪**「スキーをする」
- **下雪**「雪が降る」

270

tiānqì

天气

ティエンチー

名 天気
- **天气很好**「天気がいい」
- **天气不好**「天気が悪い」

271

wēndù

温度

ウェンドゥー

名 温度

272

yǔsǎn

雨伞

ユィサン

名 雨傘
- **打雨伞**「雨傘を差す」

273

xiàyǔ

下雨

シアユィ

動 雨が降る
- **雨停了**「雨が止んだ」

39

Wǒ zuì xǐhuan chūntiān
我 最 喜欢 春天 。
私は春が一番好きです。
▶ **最 441**「最も」 **喜欢 197**「好きである」

Dōngtiān jīngcháng qù huáxuě
冬天 经常 去 滑雪 。
冬はスキーによく行きます。
▶ **经常**「いつも」 **去 029**+動詞「～(し)に行く」 **滑雪 269**「スキーをする」

Wàibian xuě xiàde hěn dà
外边 雪 下 得 很 大 。
外は大雪が降っています。
▶ **外边**「外」 **下**「降る」 動詞+**得**+様態補語 **340** **很 425**「とても」

Jīntiān tiānqì zhēn hǎo
今天 天气 真 好 ！
今日は本当に天気がいいですね。
▶ **今天**「今日」 **真 427**「本当に」 **好 389**「よい」

Shìnèi wēndù tài gāo le
室内 温度 太 高 了 。
室内の温度が高すぎます。
▶ **太**+形容詞+**了 428**「～すぎる」

Wàng dài yǔsǎn le
忘 带 雨伞 了 。
傘を持ってくるのを忘れました。
▶ **忘 323**+動詞「～するのを忘れる」 **带**「持っていく」

Wàimian hái zài xiàyǔ
外面 还 在 下雨 。
外はまだ雨が降っています。
▶ **外面**「外」 **还 438**「まだ」 **在 032**+動詞「～している」

274
fēngjǐng
风景
フォンジィン
名 風景

275
jiē
街
ジエ
名 街，通り

276
lù
路
ルー
名 道

277
shù
树
シュー
名 木
- **一棵树**「1 本の木」

278
jiāoyóu
郊游
ジアオヨウ
動 ピクニックをする
名 ピクニック

279
wánr
玩儿
ワール
動 遊ぶ，楽しく過ごす

280
lǚyóu
旅游
リュィヨウ
動 観光する，遊覧する
- **旅行** lǚxíng「旅行する」

40

Zhèli de fēngjǐng měi jǐ le

这里的 风景 美极了。

ここの景色はとてもきれいです。

▶ **这里** 023「ここ」 **的** 038「～の(もの)」 形容詞+**极了**「とても～だ」

Chūnjié jiēshang hěn rènao

春节 街 上很热闹。

春節には通りがとてもにぎやかです。

▶ **春节**「春節」 **上**「～のあたり《方位詞》」 **热闹**「にぎやかである」

Lù hěn huá xiǎoxīn diǎnr

路 很滑，小心点儿。

道がとても滑ります。気を付けてください。

▶ **很** 425「とても」 **滑**「滑る」 **小心**「気を付ける」 **点儿** 081「少し」

Zhè kē shù hǎo gāo a

这棵 树 好高啊！

この木はとても高いです。

▶ **棵**：「植物」を数える時の量詞　**啊** 042：語気助詞《感嘆》

Chūntiān cháng qù jiāoyóu

春天常去 郊游。

春によくピクニックに行きます。

▶ **春天** 267「春」 **常** 448「よく」 **去** 029+動詞「～(し)に行く」

Wánrde kāixīn ma

玩儿 得开心吗？

楽しく遊びましたか。

▶ 動詞+**得**+様態補語 340 **开心**「楽しい」

Wǒ xǐhuan dàochù lǚyóu

我喜欢到处 旅游。

私はあちこち観光するのが好きです。

▶ **喜欢** 197「好きである」 **到处**「あちこち」

1回目	年　月　日	／7	2回目	年　月　日	／7	3回目	年　月　日	／7	達成率 **55 %**

281
wánxiào
玩笑
ワンシアオ

名 冗談
- **开玩笑**「冗談を言う」

282
shuō huà
说话
シュオー ホア

動 しゃべる，話をする

283
xíguàn
习惯
シーグアン

動 慣れる
名 習慣

284
sànbù
散步
サンブー

動 散歩する

285
guàng
逛
グアン

動 ぶらつく，散歩する

286
dēng
登
ドォン

動 登る，上がる
- **登山**「山に登る」

287
gàn
干
ガン

動 する，やる

41

Bié kāi wánxiào le

别开[玩笑]了。

冗談言わないでくださいよ。
▶ **别**＋動詞「〜してはいけない」

Tā shuō huà tài kuài le

他[说话]太快了。

彼は話すのが速すぎます。
▶ **太**＋形容詞＋**了** 428「〜すぎる」 **快** 384「速い」

Yǐjing xíguàn le zhèli de shēnghuó

已经[习惯]了这里的生活。

すでにここの生活に慣れました。
▶ **已经** 433「すでに」 **了** 036：動態助詞《動作の完了》 **这里** 023「ここ」

Zǎoshang qù gōngyuán sànbù

早上去公园[散步]。

朝は公園に散歩に行きます。
▶ **早上** 072「朝」 **去** 029＋場所＋動詞「《場所》に〜(し)に行く」 **公园**「公園」

Nǚrén xǐhuan guàng bǎihuò shāngdiàn

女人喜欢[逛]百货商店。

女性はデパートでぶらぶらするのが好きです。
▶ **女人**「女性」 **喜欢** 197＋動詞「〜するのが好きだ」 **百货商店**「デパート」

Tā shì dēngshān yùndòngyuán

他是[登]山运动员。

彼は登山家です。
▶ **运动员**「スポーツ選手」

Nǐ zài gàn shénme ne

你在[干]什么呢？

何をしているんですか。
▶ **在** 032＋動詞「〜している」 **什么** 016「何」 **呢** 040：語気助詞《疑問》

1回目	年 月 日 ／7	2回目	年 月 日 ／7	3回目	年 月 日 ／7	達成率 57 %

288
tàijíquán
太极拳
タイジーチュアン

名 太極拳
- **打太极拳**「太極拳をする」

289
yóuyǒng
游泳
ヨウヨォン

動 泳ぐ
- **游**「泳ぐ」
- **游泳池** chí「プール」

290
zúqiú
足球
ズーチウ

名 サッカー
- **踢** tī **足球**「サッカーをする」

291
dǎ qiú
打球
ダー チウ

動 球技をする
- **打棒球** bàngqiú「野球をする」

292
chōuyān
抽烟
チョウイエン

動 タバコを吸う《口語》
- **吸烟** xīyān「タバコを吸う《文語》」

293
zhuàng
撞
チュアン

動 ぶつかる，ぶつける

294
sǐ
死
スー

動 死ぬ，枯れる
- **要死**「～でたまらない」

42

Nǐ huì dǎ tàijíquán ma
你 会 打 太极拳 吗？
太極拳はできますか。
▶ **会** 339 ＋動詞「～できる」 **吗** 037：語気助詞《疑問》

Wǒ bú huì yóuyǒng
我 不 会 游泳。
私は泳げません。
▶ **不会** 339 ＋動詞「～できない」

Hǎojiǔ méiyǒu tī zúqiú le
好 久 没 有 踢 足球 了。
しばらくサッカーをしていません。
▶ **好久**「長い間」

Zhōumò gēn péngyoumen dǎ qiú
周 末 跟 朋 友 们 打球。
週末は友達と球技をします。
▶ **周末**「週末」 **跟** 494「～と」 **朋友** 095「友達」 **们**「～たち」

Zhèli bù kěyǐ chōuyān
这 里 不 可 以 抽烟。
ここはたばこを吸ってはいけません。
▶ **这里** 023「ここ」 **不可以** 337「～できない」

Lǎorén bèi zhuàng dǎo le
老 人 被 撞 倒 了。
老人はぶつかって倒れました。
▶ **被** 489「～される」 **了** 036：語気助詞《状況の発生》

Tóuténg de yàosǐ
头 疼 得 要 死。
頭が痛くてたまりません。
▶ **头疼**「頭痛」 動詞＋**得**＋程度補語 340

| 1回目 | 年 月 日 ／7 | 2回目 | 年 月 日 ／7 | 3回目 | 年 月 日 ／7 | 達成率 **58 %** |

99

295　bào
抱
バオ

（動）抱く

296　bāngzhù
帮助
バァンヂュウ

（動）助ける
▪ **帮**「手伝う」

297　bāngmáng
帮忙
バァンマァン

（動）手伝う，手助けする

298　cāoxīn
操心
ツァオシン

（動）心配する，気遣う

299　nònghuài
弄坏
ノォン フアイ

（動）いじって壊す

300　xiūlǐ
修理
シウリー

（動）修理する
▪ **修**「修理する」

301　zìxíngchē
自行车
ズーシィンチォー

（名）自転車
▪ **骑自行车**「自転車に乗る」

43

Guòlai　　āyí　　bàobao
过来，阿姨[抱抱]。
おいで，おばちゃんが抱っこしてあげる。
▶ **过来**「やってくる」 **阿姨**「おばちゃん」

Wǒmen　yào　hùxiāng　bāngzhù
我们要互相[帮助]。
私たちはお互い助け合うべきです。
▶ **要 333**＋動詞「〜すべきだ」 **互相 460**「互いに」

Yào　wǒ　bāngmáng　ma
要我[帮忙]吗？
お手伝いしましょうか。
▶ **要 333**「求める」 **吗 037**：語気助詞《疑問》

Bú　yào　ràng　fùmǔ　cāoxīn
不要让父母[操心]。
両親を心配させないでください。
▶ **不要 334**＋動詞「〜してはいけない」 **让 486**「〜させる」

Diànnǎo　bèi　dìdi　nòng huài　le
电脑被弟弟[弄坏]了。
パソコンは弟に壊されました。
▶ **电脑 144**「パソコン」 **被 489**「〜される」 **了 036**：語気助詞《状態の変化》

Zhè　shǒubiǎo　néng　xiūlǐ　hǎo　ma
这手表能[修理]好吗？
この腕時計は直せますか。
▶ **手表**「腕時計」 **能 338**「〜できる」 **好**「〜し終わる《結果補語》」

Qí　zìxíngchē　qù　gèng　kuài
骑[自行车]去更快。
自転車で行ったほうがもっと速いです。
▶ **骑**「(またがって)乗る」 **更 439**「もっと」 **快 384**「速い」

	年 月 日		年 月 日		年 月 日	達成率
1回目	／7	2回目	／7	3回目	／7	**60 %**

302
qìchē
汽车
チーチォー

名 自動車
- **坐车**「車に乗る」
- **公共汽车**「バス」

303
diànchē
电车
ディエンチォー

名 電車
- **坐电车**「電車に乗る」

304
mòbānchē
末班车
モーバンチォー

名 終電
- **首班车**「始発電車」

305
chēzhàn
车站
チォーチャン

名 駅
- **汽车站**「バス停」

306
kāichē
开车
カイチォー

動 (車を)運転する

307
děng
等
ドォン

動 待つ

308
fēijī
飞机
フェイジー

名 飛行機
- **机场**「空港」
- **起飞**「離陸する」

44

Shàngxiàbān　shíjiān　gōnggòng　qìchē　shang hěn　yōngjǐ
上下班时间公共[汽车]上很拥挤。
通勤時間はバスがとても混みます。
▶ **上下班** 151「通勤する」 **上**「(乗り物の)中」 **拥挤**「混む」

Zuò　diànchē　shàngxiàbān
坐[电车]上下班。
電車で通勤します。
▶ **坐** 114「乗る」

Méi　gǎnshang　mòbānchē
没赶上[末班车]。
終電に間に合いませんでした。
▶ **没** 035「～ない」 **赶上**「間に合う」

Wǒ　qù　chēzhàn　jiē　nǐ　ba
我去[车站]接你吧。
私が駅まで迎えに行きましょう。
▶ **去** 029＋場所＋動詞《場所》に…(し)に行く」 **接**「出迎える」

Nǐ　huì　kāichē　ma
你会[开车]吗？
あなたは運転ができますか。
▶ **会** 339＋動詞「～できる」 **吗** 037：語気助詞《疑問》

Nǐ　zài　děng　shéi　ne
你在[等]谁呢？
誰を待っているんですか。
▶ **在** 032＋動詞「～している」 **谁** 015「だれ」 **呢** 040：語気助詞《疑問》

Zuò　fēijī　yào liǎng ge　xiǎoshí
坐[飞机]要两个小时。
飛行機で二時間かかります。
▶ **坐** 114「乗る」 **要** 333「(時間が)かかる」 **小时** 058「～時間」

| 1回目 | 年 月 日 ／7 | 2回目 | 年 月 日 ／7 | 3回目 | 年 月 日 ／7 | 達成率 **61 %** |

103

309
jīpiào
机票
ジーピアオ

名 航空券
▪ **飞机票**「航空券」

310
shǒuxù
手续
ショウシュィ

名 手続き
▪ **办手续**「手続きをする」

311
hùzhào
护照
フーチャオ

名 パスポート

312
chūfā
出发
チュウファー

動 出発する

313
gǎnshang
赶上
ガンシャン

動 間に合う，追いつく

314
fēi
飞
フェイ

動 飛ぶ，飛行する

315
dōngxi
东西
ドォンシー

名 品物，もの
▪ **买东西**「買い物をする」

45

Mǎi dào jīpiào le ma

买到 机票 了吗?

航空券は買えましたか。

▶ 動詞＋到：動作の結果や目的の達成を表す **～了吗?** 037「～しましたか」

Shǒuxù bàn wán le

手续 办完了。

手続きし終わりました。

▶ 完「～し終わる《結果補語》」 了 036：語気助詞《動作の完了》

Qǐng chūshì nín de hùzhào

请出示您的 护照。

パスポートを見せてください。

▶ 请 049「どうぞ～してください」 出示「提示する」 您 007「あなた様」

Tiān yí liàng jiù chūfā

天一亮就 出发。

夜が明けたらすぐ出発します。

▶ 天 067「空」 亮「明るくなる」 一～就…473「～したらすぐに…」

Gǎnshang fēijī le ma

赶上 飞机了吗?

飛行機に間に合いましたか。

▶ 飞机 308「飛行機」

Xiǎo niǎo fēi zǒu le

小鸟 飞 走了。

小鳥は飛んでいきました。

▶ 走 030「離れる」

Dōngxi fàng nǎr

东西 放哪儿?

荷物（品物）はどこに置きますか。

▶ 放 319「置く」 哪儿 022「どこ」

1回目	年 月 日 ／7	2回目	年 月 日 ／7	3回目	年 月 日 ／7	達成率 62 %

316
xíngli
行李
シィンリ

名 荷物
- **收拾行李**「荷物をまとめる」
- **行李票**「手荷物引換券」

317
xiāngzi
箱子
シャンズ

名 箱《大きい》，トランク

318
hézi
盒子
ホォーズ

名 箱《小さい》

319
fàng
放
ファン

動 置く，しまう

320
mō
摸
モー

動 触る

321
tuī
推
トゥエイ

動 押す

322
bān
搬
バン

動 運ぶ，移す
- **搬家**「引越しをする」

46

Xíngli zhǔnbèi hǎo le ma

行李 准备好了吗？

荷物の準備はできましたか。

▶ **准备**「準備する」 **好**「～し終わった《結果補語》」 **～了吗?** 037 「～しましたか」

Xiāngzi li shì shénme

箱子 里是什么？

箱の中は何ですか。

▶ **里**「中」 **什么** 016 「何」

Zhège hézi hǎo kě'ài a

这个 盒子 好可爱啊！

この小箱はとても可愛いですね。

▶ **这个**「この」 **好** 389 「とても～だ」 **啊** 042 ：語気助詞《感嘆》

Fàng zài nàr ba

放 在那儿吧！

そこに置いてください。

▶ **在** 032 「～に」 **那儿**「そこ」 **吧** 041 ：語気助詞《依頼》

Zhèli de dōngxi bù kěyǐ luàn mō

这里的东西不可以乱 摸。

ここの物は勝手に触ってはいけません。

▶ **这里** 023 「ここ」 **东西** 315 「もの」 **不可以** 337 「～できない」 **乱**「むやみに」

Bié tuī wǒ

别 推 我！

押さないでください。

▶ **别**＋動詞「～してはいけない」

Xià ge yuè yào bān jiā le

下个月要 搬 家了。

来月に引っ越すことになりました。

▶ **下个月** 065 「来月」 **要～了**「もうすぐ～する」

323 □□□ wàng **忘** ワァン ｜ 動 忘れる
- 名詞・節から成る目的語を伴う場合，後ろに"了"や"过"がくる

324 □□□ diū **丢** ディウ ｜ 動 失う，失くす
- ～**弄丢了**「～を失くしてしまった」

325 □□□ zhǎo **找** チャオ ｜ 動 探す
- **找工作**「仕事を探す」

326 □□□ xiǎotōu **小偷** シャオトウ ｜ 名 スリ，泥棒
- **小偷儿**とも言う。

327 □□□ tōu **偷** トウ ｜ 動 盗む
- **偷钱包**「財布を盗む」

328 □□□ dàibǔ **逮捕** ダイブー ｜ 動 逮捕する

329 □□□ xiǎng **想** シアン ｜ 動 考える；思い出す
助動 ～したい，～しようと思う

47

Bú yào wàng le dài hùzhào

不要 忘 了 带 护照。

パスポートを持つのを忘れないでください。

▶ **不要**＋動詞 **334**「〜してはいけない」　**带**「持っていく」　**护照 311**「パスポート」

Yàoshi nòng diū le

钥匙 弄 丢 了。

鍵を失くしてしまいました。

▶ **钥匙**「鍵」

Nín zhǎo nǎwèi

您 找 哪 位？

どなたをお探しですか。

▶ **哪位**「どなた」

Diànchē shang yào xiǎoxīn xiǎotōu

电 车 上 要 小 心 小偷。

電車では泥棒に気を付けてください。

▶ **电车 303**「電車」　**上**「(乗り物の)中」　**要 333**＋動詞「〜すべきだ」　**小心**「気を付ける」

Wǒ de qiánbāo bèi tōu le

我 的 钱 包 被 偷 了。

私は財布を盗まれました。

▶ **钱包 260**「財布」　**被 489**「〜される」

Xiǎotōu bèi jǐngchá dàibǔ le

小偷 被 警 察 逮捕 了。

泥棒は警察に逮捕されました。

▶ **被 489**「〜される」

Nǐ xiǎng qù nǎr wánr

你 想 去 哪 儿 玩 儿？

あなたはどこへ遊びに行きたいですか。

▶ **去 029**＋場所＋動詞《場所》に…(し)に行く」　**哪儿 022**「どこ」　**玩儿 279**「遊ぶ」

330
bùxiǎng
不想
ブーシアン

[助動] 〜したくない

331
yòng
用
ヨォン

[動] 使う，用いる
[介] 〜で《手段・道具》

332
búyòng
不用
ブーヨォン

[助動] 〜する必要がない，
〜してはいけない《禁止》

333
yào
要
ヤオ

[動] ほしい
[助動] 〜しなければならない；
〜にちがいない；〜したい

334
búyào
不要
ブーヤオ

[助動] 〜してはいけない《禁止》

335
bùxíng
不行
ブーシィン

[形] ダメだ，よくない

336
yīnggāi
应该
インガイ

[助動] （当然）〜すべきだ
▪ **该**「〜すべきだ」

48

Wǒ　bù xiǎng　dǎzhēn

我 不想 打针。

私は注射をしたくありません。

▶ **打针**「注射をする」

Jiè　wǒ　yòng　　　yíxiàr

借我 用 一下儿。

ちょっと貸してください。

▶ **借**「貸す」 **一下儿** 082「ちょっと」

Nǐ　búyòng　gēn wǒ　kèqi

你 不用 跟我客气。

私に遠慮しなくていいです。

▶ **跟** 494「〜に」 **客气**「遠慮する」

Nǐ　yào　duōshao

你 要 多少？

どのくらいほしいですか。

▶ **多少** 027「いくつ《10 以上を聞く》」

Qiānwàn　búyào　gēn biérén shuō

千万 不要 跟别人说。

絶対ほかの人に言わないでください。

▶ **千万**「絶対に」 **别人**「ほかの人」 **说** 106「言う」

Bùxíng　　　kuài chī yào

不行，快吃药。

ダメよ，早く薬を飲みなさい。

▶ **快** 384「早く」 **吃药** 209「薬を飲む」

Nǐ　yīnggāi　zǎo diǎnr　tōngzhī wǒ

你 应该 早点儿通知我。

もっと早く私に知らせるべきです。

▶ **早点儿** 387「少し早めに」 **通知** 186「知らせる」

文法復習④　存在を表す "有" "在" "是"

「～に…がある[いる]」という時には「場所＋**有**＋事物（人）」の語順
で言います。

　　冰箱里有什么？（冷蔵庫の中には何がある？）

　　冰箱里有[没有]苹果。（冷蔵庫の中にはリンゴがある[ない]）

「～は…にある[いる]」という時には「事物（人）＋**在**＋場所」の語順
で言います。

　　妈妈在哪儿?（お母さんはどこ？）

　　妈妈在[不在]家。（母は家にいます[いません]）

「～にある[いる]のは…である」という時には,「場所＋**是**＋事物（人）」
の語順で言います。

　　学校后面是什么?（学校の後方にあるのは何ですか）

　　学校后面是[不是]一条小河。（学校の後方には小河があります[あり
　　ません]）

　是は基本的に「説明や判断をする」というものです。すなわち,「A
はBである」という時には「A **是** B」と言います。

　語順さえしっかり覚えれば間違えることはありませんが, 初級学習
者にとっては混乱しやすいところです。その場合,「**有什么?**」「**有谁 ?**」
「**在哪儿?**」「**是什么?**」などの疑問文から覚えると応用がききます。

上边(儿)	shàngbian シャンビエン	上(の方)	下边(儿)	xiàbian シアビエン	下(の方)
上面(儿)	shàngmian シャンミエン		下面(儿)	xiàmian シアミエン	
上头	shàngtou シャントウ		下头	xiàtou シアトウ	
里边(儿)	lǐbian リービエン	内側，中	外边(儿)	wàibian ワイビエン	外，外側
里面(儿)	lǐmian リーミエン		外面(儿)	wàimian ワイミエン	
里头	lǐtou リートウ		外头	wàitou ワイトウ	
后边(儿)	hòubian ホウビエン	後ろ，後方	前边(儿)	qiánbian チエンビエン	前方，前面
后面(儿)	hòumian ホウミエン		前面(儿)	qiánmian チエンミエン	
后头	hòutou ホウトウ		前头	qiántou チエントウ	
后方	hòufāng ホウファン		前方	qiánfāng チエンファン	
左边(儿)	zuǒbian ズオビエン	左の方	右边(儿)	yòubian ヨウビエン	右の方
左面(儿)	zuǒmian ズオミエン		右面(儿)	yòumian ヨウミエン	
左方	zuǒfāng ズオファン		右方	yòufāng ヨウファン	
东边(儿)	dōngbian ドォンビエン	東の方	西边(儿)	xībian シービエン	西の方
东面(儿)	dōngmian ドォンミエン		西面(儿)	xīmian シーミエン	
东方	dōngfāng ドォンファン		西方	xīfāng シーファン	
南边(儿)	nánbian ナンビエン	南の方	北边(儿)	běibian ベイビエン	北の方
南面(儿)	nánmian ナンミエン		北面(儿)	běimian ベイミエン	
南方	nánfāng ナンファン		北方	běifāng ベイファン	
旁边(儿)	pángbian パァンビエン	そば，となり			

＊ 上，下，里など（単純方位詞）に付けて複合方位詞となる接尾語 "边" "面" "头" はどれも同じ意味で用いられ，特に使い分けはない。

337 □□□ **可以** kěyǐ コォーイー
(助動) 〜できる《許可を得て》
(形) まあまあだ
▪ **不可以**「〜できない」

338 □□□ **能** néng ノォン
(助動) 《能力があり》〜できる,
《許可を得て》〜できる；〜のはずだ
▪ **不能**＋動詞「〜できない」

339 □□□ **会** huì ホエイ
(助動) 《会得して》〜できる；
〜のはずだ
▪ **不会**「〜できない」

340 □□□ **得** děi テイ
(助動) 〜しなければならない；
〜のはずだ
▪ 程度・様態補語を導く"**得**"は de と発音する

341 □□□ **可能** kěnéng コォーノォン
(形) 可能だ
(副) 〜かもしれない

342 □□□ **不可能** bù kěnéng ブー コォーノォン
(形) 不可能だ
(副) 〜のはずがない

343 □□□ **肯** kěn ケン
(助動) 喜んで[進んで]〜する
▪ **不肯**「〜しようともしない」

49

Wǒ kěyǐ zuò zhèr ma

我 可以 坐 这儿 吗？

ここに座ってもいいですか。

▶ **坐 114**「座る」 **这儿 023**「ここ」

Nǐ míngtiān néng lái ma

你 明天 能 来 吗？

明日来られますか。

▶ **明天**「明日」 **吗 037**：語気助詞《疑問》

Nǐ huì shuō Hànyǔ ma

你 会 说 汉语 吗？

中国語は話せますか。

▶ **说 106**「話す」 **汉语**「中国語」

Wǒ míngtiān děi qù xuéxiào

我 明天 得 去 学校。

明日，学校に行かなければなりません。

▶ **明天**「明日」 **去 029**＋場所「～に行く」

Zhōumò kěnéng bú zài jiā

周末 可能 不 在 家。

週末は家にいないかもしれません。

▶ **周末**「週末」 **不在 032**「いない」

Zhème wǎn bù kěnéng yǒu diànchē

这么 晚，不可能 有 电车。

こんな遅くに電車があるはずがありません。

▶ **这么 025**「こんなに」 **晚 388**「遅い」 **有 034**「～がある」 **电车 303**「電車」

Zhǐyào nǐ kěn nǔlì jiù yídìng huì chénggōng de

只要 你 肯 努力，就 一定 会 成功 的。

あなたが努力を惜しまなければ，必ず成功するはずです。

▶ **只要～就**…「～さえすれば…」 **一定 471**「きっと」 **会～的**「～のはずだ」

344 □ □ □
gǎn
敢
ガン

[助動] あえて［思い切って］〜
する

345 □ □ □
qiú
求
チウ

[動] 頼んで〜してもらう
▪ **求求你！**「お願い！」

346 □ □ □
yuànyì
愿意
ユエンイ

[助動] 〜したいと望む
[動] 望む

347 □ □ □
diào
掉
ディアオ

一部の他動詞の後に付い
て，動作の結果何かを失う
ことを示す

348 □ □ □
yǒurén
有人
ヨウレン

不特定の人が存在すること
を表わす

349 □ □ □
tīngbudǒng
听不懂
ティンブドォン

聞いてもわからない

350 □ □ □
shuōbuhǎo
说不好
シュオーブハオ

うまく言えない

50

Nǐ jìng gǎn rě tā

你 竟 敢 惹 他？

あなたはあえて彼を怒らせるんですか。

▶ **竟**「こともあろうに」 **惹**「怒りを買う」

Qiúqiu nǐ yuánliàng wǒ ba

求求 你，原谅 我 吧。

お願いします，許してください。

▶ **原谅**「許す」 **吧 041**：語気助詞《依頼》

Tā hěn yuànyì bāngzhù biérén

他 很 愿意 帮助 别人。

彼はとても喜んで人を助けます。

▶ **很 425**「とても」 **帮助 296**「助ける」 **别人**「ほかの人」

Bǎ lājī rēngdiào

把 垃圾 扔 掉！

ゴミを捨てなさい。

▶ **把＋A＋B**「AをBの状態にする」 **垃圾**「ゴミくず」 **扔**「捨てる」

Wàibian yǒurén lái zhǎo nǐ

外边 有人 来 找 你。

外に誰かがあなたを探しに来てます。

▶ **外边**「外」 **找 325**「探す」

Yìdiǎnr yě tīngbudǒng

一 点 儿 也 听不懂。

全然聞き取れません。

▶ **一点儿也**「少しも」

Zhè shìr kě shuōbuhǎo

这 事 儿 可 说不好。

これはうまく言えません。

▶ **这事儿**「このこと」 **可 463**「本当に」

351
kàndedǒng
看得懂
カンダドォン

見てわかる，読んで理解する

352
bái
白
バイ

形 白い
▪ **雪白** xuěbái「真っ白だ」

353
hóng
红
ホォン

形 赤い
▪ **脸红**「赤面する」

354
zhí
直
チー

形 まっすぐである
▪ **笔直** bǐzhí「まっすぐである」

355
qīngchu
清楚
チンチュウ

形 はっきりしている

356
zhènghǎo
正好
チョォンハオ

形 ちょうどよい，ぴったりだ
副 ちょうど，折よく

357
dà
大
ダー

形 大きい

51

Kàndedǒng zìmù ma

看得懂 字幕 吗?

字幕を見てわかりますか。

▶ 吗 037：語気助詞《疑問》

Xiǎonǚhái pífū hěn bái

小女孩皮肤很 白 。

女の子は肌がとても白いです。

▶ 小女孩 093 「女の子」 皮肤 「肌」 很 425 「とても」

Wǒ yì hē jiǔ jiù liǎnhóng

我一喝酒就脸 红 。

私はお酒を飲むとすぐ顔が赤くなります。

▶ 喝 210 「飲む」 酒 205 「酒」 一~就… 473 「～したらすぐに…」

Zhè tiáo lù hěn zhí

这条路很 直 。

この道はまっすぐです。

▶ 条：「細長いもの」を数える時の量詞 路 276 「道」

Wǒ kànde hěn qīngchu

我看得很 清楚 。

私ははっきり見ました。

▶ 看 182 「見る」 動詞＋得＋様態補語 340

Nǐ láide zhènghǎo

你来得 正好 。

あなた，ちょうど来ましたね。

▶ 来 031 「来る」 動詞＋得＋様態補語 340

Wǒmen gōngsī bú tài dà

我们公司不太 大 。

うちの会社はそんなに大きくありません。

▶ 我们 003 「私たち」 公司 156 「会社」 不太＋形容詞 428 「それほど～でない」

358
xiǎo

小

シアオ

形 小さい

359
cháng

长

チャン

形 長い

360
duǎn

短

ドゥアン

形 短い

361
hòu

厚

ホウ

形 厚い

362
báo

薄

バオ

形 薄い

363
rè

热

ルォー

形 暑い，熱い

動 温める

364
nuǎnhuo

暖和

ヌァンフオ

形 暖かい

動 暖まる

52

Wǒ de fángjiān hěn xiǎo

我的房间很[小]。

私の部屋はとても小さいです。

▶ **〜的** 038「〜の(もの)」 **房间**「部屋」

Tā de tóufa hǎo cháng a

她的头发好[长]啊。

彼女の髪はとても長いですね。

▶ **头发** 253「髪の毛」 **好** 389「とても〜だ」 **啊** 042：語気助詞《感嘆》

Zhè tiáo qúnzi tài duǎn le

这条裙子太[短]了。

このスカートは短すぎます。

▶ **条**：「細長いもの」を数える時の量詞　**裙子**「スカート」

Zhè běn shū tài hòu le

这本书太[厚]了。

この本は厚すぎます。

▶ **本**：「書物など」を数える時の量詞　**书** 127「本」 **太**+形容詞+**了** 428「〜すぎる」

Nǐ chuānde tài báo le

你穿得太[薄]了。

あなたはとても薄着です。

▶ **穿**「着る」 動詞+**得**+様態補語 340

Zhèli de xiàtiān fēicháng rè

这里的夏天非常[热]。

こちらの夏は非常に暑いです。

▶ **这里** 023「こちら」 **夏天** 267「夏」 **非常** 426「非常に」

Báitiān bǐjiào nuǎnhuo

白天比较[暖和]。

昼間はわりと暖かいです。

▶ **白天** 077「昼間」 **比较**「わりと」

1回目	年 月 日 ／7	2回目	年 月 日 ／7	3回目	年 月 日 ／7	達成率 72 %

365 ☐☐☐

lěng

冷

ロォン

形 寒い，冷たい
動 冷ます
▪ **寒冷** hánlěng「寒い，冷たい」

366 ☐☐☐

liángkuai

凉快

リアンクアイ

形 涼しい
動 涼む

367 ☐☐☐

yīn

阴

イン

形 曇っている

368 ☐☐☐

duō

多

ドゥオー

形 多い
▪ **很多**「たくさん」

369 ☐☐☐

shǎo

少

シャオ

形 少ない

370 ☐☐☐

guì

贵

グエイ

形 （値段が）高い

371 ☐☐☐

piányi

便宜

ピエンイー

形 （値段が）安い

53

Hā'ěrbīn de dōngtiān hěn lěng
哈 尔 滨 的 冬 天 很 [冷]。
ハルピンの冬はとても寒いです。
▶ **哈尔滨**「ハルピン」 **冬天** 268「冬」

Zǎowǎn bǐjiào liángkuai
早 晚 比 较 [凉 快]。
朝晩はわりと涼しいです。
▶ **早晚**「朝晩」 **比较**「わりと」

Tiān tūrán yīn le
天 突 然 [阴] 了。
空が突然曇りました。
▶ **天** 067「空」 **了** 036：語気助詞《状態の変化》

Zhōngguó rénkǒu hěn duō
中 国 人 口 很 [多]。
中国は人口がとても多いです。
▶ **很** 425「とても」

Jīntiān kèrén bǐjiào shǎo
今 天 客 人 比 较 [少]。
今日はお客さんがわりと少ないです。
▶ **今天**「今日」 **客人**「お客さん」

Zhèli de dōngxi tài guì le
这 里 的 东 西 太 [贵] 了。
ここの物は値段が高すぎます。
▶ **这里** 023「ここ」 **东西** 315「品物」 **太**+形容詞+**了** 428「～すぎる」

Piányi yìdiǎnr ba
[便 宜] 一 点 儿 吧。
少し安くしてください。
▶ **一点儿** 081「少し」 **吧** 041：語気助詞《依頼》

1回目	年 月 日 /7	2回目	年 月 日 /7	3回目	年 月 日 /7	達成率 **74 %**

372
gāo
高
ガオ

形 高い

373
dī
低
ディー

形 低い

374
zhòng
重
チョォン

形 重い

375
qīng
轻
チィン

形 軽い

376
pàng
胖
パァン

形 太っている

377
shòu
瘦
ショウ

形 やせている

378
jǐn
紧
ジン

形 きつい
動 きつくする，締める

54

Zhè zuò lóu hǎo gāo a

这 座 楼 好 高 啊 !

このビルはすごく高いですね。

▶ **座**：「自然や建造物」を数えるときの量詞 **楼**「ビル」 **好 389**「とても〜だ」

Zhè zuò shān bǐjiào dī

这 座 山 比 较 低 。

この山はわりと低いです。

▶ **比较**「わりと」

Xíngli tài zhòng le

行 李 太 重 了 。

荷物が重すぎます。

▶ **行李 316**「荷物」 **太**＋形容詞＋**了 428**「〜すぎる」

Xiāngzi hěn qīng náde dòng

箱 子 很 轻 ， 拿 得 动 。

箱はとても軽いので，持てます。

▶ **箱子 317**「箱《大きい》」 **很 425**「とても」 **拿得动**「持てる」

Wǒ yòu pàng le

我 又 胖 了 。

私，また太りました。

▶ **又 449**「また」 **了 036**：語気助詞《状態の変化》

Tā yòu gāo yòu shòu

他 又 高 又 瘦 。

彼は背も高くて痩せています。

▶ **又〜又… 449**「〜でもあり…でもある」

Zhè cì chūchāi rìchéng hěn jǐn

这 次 出 差 日 程 很 紧 。

今度の出張はスケジュールがとてもきついです。

▶ **这次**「今度」 **出差 152**「出張する」 **日程**「スケジュール」

1回目	年 月 日 ／7	2回目	年 月 日 ／7	3回目	年 月 日 ／7	達成率 **75 %**

379 ☐☐☐	sōng 松 ソォン	形 ゆるい 動 ゆるめる，ほぐす

380 ☐☐☐	cū 粗 ツー	形 太い，粗い

381 ☐☐☐	xì 细 シー	形 細い，細かい

382 ☐☐☐	yuǎn 远 ユエン	形 遠い

383 ☐☐☐	jìn 近 ジン	形 近い

384 ☐☐☐	kuài 快 クアイ	形 速い《速度》 副 早く ▪ 飞快 fēikuài「飛ぶように速い」

385 ☐☐☐	kuàiyào 快要 クアイヤオ	形 まもなく ▪ 快要＋動詞／形容詞＋了「もうすぐ 〜になる」

55

Yāodài　tài　sōng　le

腰带太[松]了。

ベルトが緩すぎます。

▶ **腰带**「ベルト」

Qiānbǐ　　xīnr　tài　cū　le

铅笔芯儿太[粗]了。

鉛筆の芯が太すぎます。

▶ **铅笔 121**「鉛筆」 **芯儿**「芯」 **太**+形容詞+**了 428**「～すぎる」

Yāo　hǎo　xì　a

腰好[细]啊！

腰がとても細いですね。

▶ **好 389**「とても～だ」 **啊 042**：語気助詞《感嘆》

Dào　jīchǎng　yǒu　duō　yuǎn

到机场有多[远]？

空港までどれくらい遠いですか。

▶ **到 492**「～まで」 **机场 308**「空港」 **有多**+形容詞「どのくらい～か」

Zǒu　zhè　tiáo　lù　gèng　jìn

走这条路更[近]。

この道を歩いたほうがもっと近いです。

▶ **走 030**「歩く」 **条**：「細長いもの」を数える時の量詞 **更 439**「もっと」

Nǐ　zǒude　tài　kuài　le

你走得太[快]了。

あなたは歩くのが速すぎます。

▶ 動詞+**得**+様態補語 **340**

Fēijī　kuàiyào　qǐfēi　le

飞机[快要]起飞了。

飛行機はまもなく離陸します。

▶ **飞机 308**「飛行機」 **起飞 308**「離陸する」

386
mán
慢
マン

[形] 遅い《速度》

387
zǎo
早
ザオ

[形] 早い《時間》
- **早点儿** zǎodiǎnr「少し早めに」

388
wǎn
晚
ワン

[形] 遅い《時間》

389
hǎo
好
ハオ

[形] よい　[副] とても～だ
- **不好**「悪い」
- 発音が hào の場合は「好む，～したがる」の意味になる

390
huài
坏
ホアイ

[形] 悪い
[動] 壊れている

391
xīn
新
シン

[副] 新たに
[形] 新しい

392
jiù
旧
ジウ

[形] 古い

56

Qǐng màn diǎnr shuō

请 慢 点儿 说。

少しゆっくり話してください。

▶ **请** 049「どうぞ〜してください」 **点儿** 081「少し」 **说** 106「話す」

Yéye zǎoshang qǐde hěn zǎo

爷爷 早上 起 得 很 早。

祖父は朝起きるのがとても早いです。

▶ **爷爷** 085「祖父」 **早上** 072「朝」 動詞＋**得**＋様態補語 340

Bàba měitiān shuìde hěn wǎn

爸爸 每天 睡 得 很 晚。

お父さんは毎日寝るのがとても遅いです。

▶ **爸爸** 085「お父さん」 **每天** 068「毎日」 **睡** 218「寝る」

Nǐ de Hànyǔ shuōde zhēn hǎo

你 的 汉语 说 得 真 好！

あなたの中国語は本当に上手です。

▶ **汉语**「中国語」 **说** 106「話す」 **真** 427「本当に」

Wǒ de diànnǎo huài le

我 的 电脑 坏 了。

私のパソコンが壊れました。

▶ **电脑** 144「パソコン」

Zhè shì xīn mǎi de shǒujī

这 是 新 买 的 手机。

これは新しく買った携帯です。

▶ **买** 244「買う」 A＋**的** 038＋B「AしたB」

Zhè fángzi hěn jiù

这 房子 很 旧。

この家はとても古いです。

▶ **房子** 220「家」 **很** 425「とても」

| 1回目 | 年 月 日 ／7 | 2回目 | 年 月 日 ／7 | 3回目 | 年 月 日 ／7 | 達成率 78 % |

393 ☐☐☐	máng **忙** マァン	〔形〕忙しい 〔動〕忙しくする 〔副〕急いで
394 ☐☐☐	xián **闲** シエン	〔形〕ひまだ
395 ☐☐☐	jiǎndān **简单** ジエンダン	〔形〕簡単だ
396 ☐☐☐	róngyì **容易** ロォンイー	〔形〕易しい ▪**容易**＋動詞「～しやすい」
397 ☐☐☐	fùzá **复杂** フーザー	〔形〕複雑だ
398 ☐☐☐	nán **难** ナン	〔形〕難しい，わかりにくい ▪**难**＋動詞「～しにくい」
399 ☐☐☐	tóng **同** トォン	〔形〕同じだ《文》 ▪**相同**「同じだ」

57

Zuìjìn　gōngzuò　yǒudiǎnr　　máng

最近工作有点儿 忙。

最近仕事がちょっと忙しいです。
▶ **工作 149**「仕事」 **有点儿 429**「少し」

Zhè　jǐ　tiān　nǐ　hǎoxiàng　tǐng　xián　　de　ma

这几天你好像挺 闲 的嘛。

ここ数日，あなたけっこう暇そうじゃない。
▶ **几天 067**「数日」 **好像 468**「〜ようだ」 **挺**「とても」 **嘛 044**：語気助詞《当然》

Zhège　　wèntí　hěn　jiǎndān

这个问题很 简单。

この問題はとても簡単です。
▶ **这个**「この」 **很 425**「とても」

Shuōqilai　　róngyì　　　zuòqilai　nán

说起来 容易，做起来 难。

言うは易く行うは難し。
▶ **说 106**「言う」 動詞＋**起来**：方向補語　**做 208**「する」

Zhèli　de　jiāotōng　hěn　fùzá

这里的交通很 复杂。

ここの交通はとても複雑です。
▶ **这里 023**「ここ」

Fāyīn　　yǒudiǎnr　　nán

发音有点儿 难。

発音がちょっと難しいです。
▶ **发音 136**「発音」

Wǒ　gēn　tā　zài　tóng　yíge　bùmén

我跟他在 同 一个部门。

私は彼と同じ部署にいます。
▶ **跟 494**「〜と」 **部门**「部署」

400	yíyàng 一样 イーヤン	形 同じだ《口語》；〜のような
401	xíng 行 シィン	形 よろしい，よいと思う 動 する，行う ▪ **不行**「ダメだ」
402	cōngming 聪明 ツォンミィン	形 賢い，聡明だ
403	wēnróu 温柔 ウェンロウ	形 優しい，おとなしい
404	fùyù 富裕 フーユィ	形 裕福だ 動 豊かにする
405	piàoliang 漂亮 ピャオリアン	形 《姿形・音が》美しい
406	hǎokàn 好看 ハオカン	形 《男女問わず人や物が》きれいである

58

Wǒ de xiǎngfǎ gēn nǐ yíyàng

我 的 想 法 跟 你 一样 。

私の考えもあなたと同じです。

▶ **想法**「考え」 **跟 494**「～と」

Wǒ shénme shíhou dōu xíng

我 什 么 时 候 都 行 。

私はいつでもいいです。

▶ **什么时候 017**「いつ」 **都 434**「みんな」

Zhège xiǎoháizi hǎo cōngming a

这 个 小 孩 子 好 聪明 啊 。

この子とても賢いですね。

▶ **(小)孩子 093**「子供」 **好 389**「とても～だ」 **啊 042**：語気助詞《感嘆》

Wǒ xǐhuan wēnróu de nǚrén

我 喜 欢 温柔 的 女 人 。

私は優しい女性が好きです。

▶ **喜欢 197**「好きである」 形容詞＋**的 038**＋《人》「～な《人》」

Tāmen jiā bǐjiào fùyù

他 们 家 比 较 富裕 。

彼らの家はわりと裕福です。

▶ **他们 009**「彼ら」 **比较**「わりと」

Tā zhǎngde zhēn piàoliang

她 长 得 真 漂亮 ！

彼女は本当にきれいですね。

▶ **她 010**「彼女」 **长**：身体的特徴を表すときに用いる動詞

Zhè jiàn yīfu tài hǎo kàn le

这 件 衣 服 太 好看 了 。

この服はとてもきれいです。

▶ **件**：「上着」などを数える時の量詞 **太**＋形容詞＋**了 428**「とても～だ」

| 1回目 | 年 月 日 ／7 | 2回目 | 年 月 日 ／7 | 3回目 | 年 月 日 ／7 | 達成率 80 % |

133

407 kě'ài
可爱
コォーアイ
[形] かわいい

408 gānjìng
干净
ガンジィン
[形] 清潔だ，きれいだ

409 nánkàn
难看
ナンカン
[形] 醜い，不格好だ

410 fāngbiàn
方便
ファンビエン
[形] 便利だ，都合がよい

411 kuàilè
快乐
クアイロォー
[形] 楽しい，上機嫌だ

412 yǒu yìsi
有意思
ヨウ イース
[形] おもしろい，楽しい

413 gāoxìng
高兴
ガオシィン
[形] うれしい，楽しい
▪ **高兴**＋動詞「〜するのが楽しい」

59

Nǐ nǚ'er hǎo kě'ài a
你女儿好 可爱 啊 ！
娘さんはとてもかわいいですね。
▶ **女儿**「娘」

Zhège fàndiàn tǐng gānjìng
这个饭店挺 干净 。
このホテルはとてもきれいです。
▶ **这个**「この」 **饭店**「ホテル」 **挺**「とても」

Xiànzài pàngde hěn nánkàn
现在胖得很 难看 。
今は太っていてとても不格好です。
▶ **胖** **376**「太っている」 **很** **425**「とても」

Zhèli jiāotōng hěn fāngbiàn
这里交通很 方便 。
ここは交通がとても便利です。
▶ **这里**「ここ」

Zhù nǐ shēngrì kuàilè
祝你生日 快乐 ！
お誕生日おめでとう。（直訳：楽しいお誕生日になりますように）
▶ **祝**「願う」 **生日**「誕生日」

Zhè běn xiǎoshuō hěn yǒu yìsi
这本小说很 有意思 。
この小説はとてもおもしろいです。
▶ **本**：「書物」などを数える時の量詞

Rènshi nǐ hěn gāoxìng
认识你，很 高兴 。
会えてとてもうれしいです。
▶ **认识** **111**「知り合う」

135

414
xìngfú
幸福
シィンフー
[形] 幸せだ

415
hǎotīng
好听
ハオティン
[形]《音楽などを聴き》心地よい，きれいだ

416
bēishāng
悲伤
ベイシャン
[形] 悲しい，切ない

417
nánshòu
难受
ナンショウ
[形] 苦しい，つらい

418
mǎhu
马虎
マーフー
[形] いい加減だ

419
hǎochī
好吃
ハオチー
[形] おいしい

420
hǎohē
好喝
ハオホォー
[形]（飲んで）おいしい

60

Zhù nǐmen yǒngyuǎn xìngfú

祝你们永远[幸福]！

永遠に幸せであるように！（直訳：あなたたちの永遠の幸せを願っています）

▶ **祝**「願う」 **永远**「永遠に」

Zhè shǒu gē tài hǎo tīng le

这首歌太[好听]了。

この歌はとてもいいですね。

▶ **首**：「歌や曲」を数える時の量詞　**太**＋形容詞＋**了** 428「とても〜だ」

Bú yào tài bēishāng le

不要太[悲伤]了。

あまり悲しまないでください。

▶ **不要** 334＋動詞「〜してはいけない」

Dùzi yǒudiǎnr nánshòu

肚子有点儿[难受]。

お腹の調子がちょっと悪いです。

▶ **肚子**「お腹」 **有点儿** 429「少し」

Nǐ zhège ren tài mǎhu le

你这个人，太[马虎]了。

あなたという人は，適当すぎます。

▶ **这个**「この」

Nǐ zuò de cài zhēn hǎo chī

你做的菜真[好吃]。

あなたが作った料理は本当においしいです。

▶ **做** 208「作る」 **菜** 198「料理」 **真** 427「本当に」

Wūlóngchá hěn hǎo hē

乌龙茶很[好喝]。

ウーロン茶はとてもおいしいです。

▶ **乌龙茶**「ウーロン茶」 **很** 425「とても」

| 1回目 | 年 月 日 ／7 | 2回目 | 年 月 日 ／7 | 3回目 | 年 月 日 ／7 | 達成率 **83 %** |

文法復習⑤　疑問文

　中国語でコミュニケーションを行うには，疑問文の作り方を知ることがとても重要です。疑問文には大きく分けて4つタイプがあります。

諾否疑問文

平叙文の文末に語気助詞 **"吗" "吧" "呢"** などを付けます。

● [平叙文] + 吗／吧?

你喜欢运动吗?（あなたは運動が好きですか）

　→「はい」か「いいえ」で答えを求める。

你是李先生吧?（あなたは李さんですよね？）

　→「はい」と返ってくるのを予想したうえでの質問。

● [名詞／代名詞] + 呢?

我喝啤酒，你呢?（私はビールを飲みます。あなたは？）

　→前の話題についての質問で，**你喝什么?** が省略されている。

疑問詞疑問文

文中の尋ねたい箇所に疑問詞を置きます。

这是什么?（これは何ですか）

你在哪儿?（あなたはどこですか）

反復疑問文

述語の主な成文の肯定形と否定形を並べます。

她漂亮不漂亮?（彼女はきれいですか，きれいではありませんか）

他来不来?（彼は来ますか，来ませんか）

他来没来?（彼は来ていますか，来ていませんか）

選択疑問文

"(是)～还是…" の形で複数の答えの中から1つを選んで答えます。

我去还是你来?（私が行く？　それともあなたが来る？）

这	zhè チォー	この
这个	zhège チォーゴォ	これ
这些	zhèxiē チォーシエ	これら
那	nà ナー	あの
那个	nàge ナーゴォ	あれ
那些	nàxiē ナーシエ	あれら
哪	nǎ ナー	どの
哪个	nǎge ナーゴォ	どれ
哪些	nǎxiē ナーシエ	どれ《複数》
北京烤鸭	Běijīng kǎoyā ベイジィン　カオヤー	北京ダック
饺子	jiǎozi チアオズ	餃子
包子	bāozi パオズ	パオズ
馒头	mántou マントゥ	マントー
小笼包	xiǎolóngbāo シアオロォンパオ	小籠包
麻婆豆腐	mápó dòufu マーポー　ドゥフ	マーボー豆腐
麻辣烫	málàtàng マーラータァン	マーラータン

421
lèi
累
レイ
形 疲れる

422
kùn
困
クン
形 (疲れて)眠い

423
è
饿
オー
形 お腹がすく
▪ 肚子饿「お腹が空いている」

424
bù
不
ブー
副 ～ない
▪ 不太＋形容詞「あまり～ない」
▪ 後に第四声が続く場合，第二声に変化する

425
hěn
很
ヘン
副 とても
▪ 很＋形容詞「とても～だ」

426
fēicháng
非常
フェイチャン
副 非常に

427
zhēn
真
チェン
形 本当の
副 実に

140

61

Kuàiyào lèi sǐ le

快要 累 死了。

もう疲れて死にそうです。

▶ **快要**＋動詞／形容詞＋**了**「もうすぐ〜になる」 385

Hǎo kùn a kuài shuì ba

好 困 啊，快睡吧！

とても眠いな，早く寝ましょう。

▶ **好** 389 「とても〜だ」 **啊** 042：語気助詞《感嘆》 **睡** 218「寝る」

Dùzi è le

肚子 饿 了。

お腹が空きました。

▶ **肚子**「お腹」 **了** 036：語気助詞《状態の変化》

Jīntiān bú tài lěng

今天 不 太冷。

今日はあまり寒くありません。

▶ **今天**「今日」 **冷** 365「寒い」

Wǒ hěn xǐhuan Zhōngguó wénhuà

我 很 喜欢中国文化。

私は中国の文化がとても好きです。

▶ **喜欢** 197「好きである」

Kèhù fēicháng mǎnyì

客户 非常 满意。

お客様は非常に満足してます。

▶ **客户**「お客」 **满意** 168「満足する」

Nǐ zhēn liǎobuqǐ

你 真 了不起。

あなたは本当にすごいですね。

▶ **了不起**「すばらしい」

428
tài
太
タイ

副 たいへん，きわめて
- **太**+形容詞+**了**「〜すぎる，とても〜だ」
- **不太**+形容詞「あまり〜ない」

429
yǒudiǎnr
有点儿
ヨウディアル

副 少し《よくないことに対し》

430
xiān
先
シエン

副 先に，まず
名 先，前

431
zuìhòu
最后
ズイホウ

名 最後

432
ránhòu
然后
ランホウ

接 それから
- **先〜，然后**…「先に〜して，それから…する」

433
yǐjing
已经
イージィン

副 すでに，もう
- **已经**+動詞／形容詞+**了**「すでに〜した」

434
dōu
都
ドウ

副 みんな，全部

62

Tài duō le wǒ chī buliǎo
太 多 了， 我 吃 不 了。

多すぎて，食べきれません。

▶ **吃** 209「食べる」 動詞＋**不了**「〜できない」

Zuìjìn yǒudiǎnr lèi le
最近 有点儿 累了。

最近，ちょっと疲れました。

▶ **累** 421「疲れる」 **了** 036：語気助詞《状態の変化》

Wǒ xiān zǒu le
我 先 走了。

お先に失礼します。

▶ **走** 030「離れる」 **了** 036：語気助詞《これからの状況の変化》

Zuìhòu qǐng zài quèrèn yíxiàr
最后 请再确认一下儿。

最後に，もう一度確認してください。

▶ **请** 049「どうぞ〜してください」 **确认**「確認する」 **一下儿** 082「ちょっと」

Xiān qù jiē háizi ránhòu qù chāoshì mǎi cài
先去接孩子， 然后 去超市买菜。

先に子供を迎えに行き，それからスーパーで野菜を買います。

▶ **接**「迎える」 **孩子** 093「子供」 **超市**「スーパー」 **买** 244「買う」 **菜** 198「野菜」

Tā yǐjīng xiàbān le
他 已经 下班了。

彼はすでに退社しました。

▶ **下班**「退社する」 **了** 036：語気助詞《状況の発生》

Dàjiā dōu qù nǎr le
大家 都 去哪儿了？

みんなどこに行きましたか。

▶ **大家** 014「みんな」 **去** 029＋場所「〜に行く」 **哪儿** 022「どこ」

| 1回目 | 年 月 日 ／7 | 2回目 | 年 月 日 ／7 | 3回目 | 年 月 日 ／7 | 達成率 **86 %** |

435 □□□
yìqǐ
一起
イーチー

（副）一緒に

436 □□□
kànlái
看来
カンライ

見たところ，思うに
- **看**＋**来**《結果補語》

437 □□□
shāowēi
稍微
シャオウェイ

（副）少し，やや
- **稍**「少し」

438 □□□
hái
还
ハイ

（副）まだ，もっと，まあまあ
- **还没**＋動詞「まだ〜しない」

439 □□□
gèng
更
ゴォン

（副）さらに，もっと

440 □□□
tèbié
特别
トォービエ

（副）特に
（形）特別だ

441 □□□
zuì
最
ズイ

（副）最も，一番

63

Nǐ yě yìqǐ qù ba

你也 一起 去吧。

あなたも一緒に行きましょう。

▶ 也 451「〜もまた」 去 029「行く」 吧 041：語気助詞《提案》

Kànlái tā xīnqíng búcuò

看来 他 心情 不错。

彼は機嫌よさそうに見えます。

▶ 他 008「彼」 心情「気分」 不错「なかなかよい」

Zhè shuāng xié shāowēi dà yìdiǎnr

这 双 鞋 稍微 大 一点 儿。

この靴は少し大きいです。

▶ 双：「対のもの」を数える時の量詞 鞋「靴」 一点儿 081「少し」

Gǎnmào hái méi hǎo

感冒 还 没 好。

風邪はまだ治っていません。

▶ 感冒 250「風邪」 没「〜ない」 好 389「よい」

Yǒu bǐ zhège gèng piányi de ma

有 比 这 个 更 便宜 的 吗？

これよりもっと安いのはありますか。

▶ 比 502「〜より《比較》」 便宜 371「安い」 〜的 038「〜の（もの）」

Tèbié shì dōngtiān kōngqì fēicháng bù hǎo

特别 是 冬天，空气 非常 不 好。

特に冬は空気がとても悪いです。

▶ 冬天 268「冬」 非常 426「非常に」 不好 389「悪い」

Nǐ zuì xǐhuan nǎge jìjié

你 最 喜欢 哪个 季节？

あなたはどの季節が一番好きですか。

▶ 喜欢 197「好きである」 哪个「どの」 季节「季節」

442
cái
才
ツァイ

副 たった今，やっと

443
quán
全
チュエン

副 すべて，すっかり

444
wánquán
完全
ワンチュエン

副 完全に，まったく
形 完全だ

445
chàbuduō
差不多
チャーブドゥオー

副 ほとんど
形 まあまあだ；ほとんど
同じである

446
yígòng
一共
イーゴォン

副 合わせて，全部で

447
yíkuàir
一块儿
イークアル

副 一緒に《口語》

448
chángcháng
常常
チャンチャン

副 いつも，よく
▪ **常**「いつも，よく」

64

Zuótiān hěn wǎn cái huílai

昨天很晚 才 回来。

昨日はとても遅くにやっと帰ってきました。

▶ **昨天**「昨日」 **很** 425「とても」 **晚** 388「遅い」 **回来** 225「帰ってくる」

Quán dōu gàosu nǐ le

全 都告诉你了。

全部あなたに教えましたよ。

▶ **都** 434「みんな，全部」 **告诉**「教える」 **了** 036：語気助詞《状況の発生》

Wánquán méi wèntí

完全 没问题。

まったく問題ありません。

▶ **没** 035「〜ない」

Cài chàbuduō zuò wán le

菜 差不多 做完了。

料理はほとんどできました。

▶ **菜**「料理」 **做** 208「する」 **完**「〜し終わる《結果補語》」

Yígòng duōshao qián

一共 多少钱？

全部でいくらですか。

▶ **多少** 027「いくつ《10 以上を聞く》」 **钱** 260「お金」

Gēn wǒmen yíkuàir qù ba

跟我们 一块儿 去吧。

私たちと一緒に行きましょう。

▶ **跟** 494「〜と」 **我们** 003「私たち」 **去** 029「行く」 **吧** 041：語気助詞《提案》

Chángcháng xiǎngqǐ tā

常常 想起他。

よく彼のことを思い出します。

▶ **想起**「思い起こす」 **他** 008「彼」

| 1回目 | 年 月 日 ／7 | 2回目 | 年 月 日 ／7 | 3回目 | 年 月 日 ／7 | 達成率 **89 %** |

147

449 □□□

yòu

又

ヨウ

副 また，それに加え
- 又〜又…「〜でもあり…でもある」

450 □□□

zài

再

ザイ

副 また，もう一度

451 □□□

yě

也

イエ

副 〜もまた

452 □□□

cónglái

从来

ツォンライ

副 ずっと，これまで（〜したことがない）

453 □□□

céngjīng

曾经

ツォンジィン

副 かつて，以前（〜したことがある）

454 □□□

gāng

刚

ガァン

副 〜したばかりだ

455 □□□

likè

立刻

リーコォー

副 ただちに，すぐ

65

Yòu wàng le xiě zuòyè
又 忘 了 写 作 业 。
また宿題を忘れてしまいました。
▶ 忘 323「忘れる」 了 036：語気助詞《状況の発生》 写作业 138「宿題をする」

Zài shuō yíbiàn
再 说 一 遍 。
もう一度言ってください。
▶ 说 106「言う」 一遍「1 回」

Míngtiān yě lái ma
明 天 也 来 吗 ？
明日も来ますか。
▶ 明天「明日」 吗 037：語気助詞《疑問》

Cónglái méi tīngshuōguo
从 来 没 听 说 过 。
これまで聞いたことがありません。
▶ 没 035「～ない」 听说「耳にする」 動詞＋过 056「～したことがある」

Céngjīng jiànguo yímiàn
曾 经 见 过 一 面 。
以前，一回会ったことがあります。
▶ 见过一面 033「一度会ったことがある」

Tā gāng chūqu
他 刚 出 去 。
彼は出かけたばかりです。
▶ 他 008「彼」 出去 029「外出する」

Wǒmen lìkè chūfā
我 们 立 刻 出 发 。
私たちはすぐ出発します。
▶ 我们 003「私たち」 出发 312「出発する」

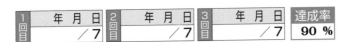

456
zhèngzài
正在
チョン(ザイ)

副 ちょうど〜している
- **正在〜呢**「ちょうど〜しているところだ」

457
mǎshàng
马上
マーシャン

副 すぐに，間もなく

458
suíshí
随时
スイシー

副 いつでも

459
hūrán
忽然
フーラン

副 急に，ふと

460
hùxiāng
互相
フーシアン

副 互いに

461
chàdiǎnr
差点儿
チャーディアル

副 もう少しで（〜するところだった）

462
dàyuē
大约
ダーユエ

副 大体，おおよそ
- **大概**「大体，おおよそ」

66

Tā zhèngzài jiē diànhuà ne

他 正在 接 电 话 呢 。

彼は今電話中です。

▶ **接电话** 145 「電話に出る」 **呢** 040 ：語気助詞《持続・進行》

Nǐ děi mǎshàng qù yīyuàn jiǎnchá

你 得 马上 去 医 院 检 查 。

すぐに病院で検査をしなければなりません。

▶ **得** 340 ＋動詞「～しなければならない」 **去** 029 ＋場所＋動詞「《場所》に…(し)に行く」

Suíshí kěyǐ liánxì wǒmen

随时 可 以 联 系 我 们 。

いつでも私たちに連絡していいです。

▶ **可以** 337 ＋動詞「～できる」 **联系** 「連絡する」

Tā hūrán kūqilai le

她 忽然 哭 起 来 了 。

彼女は突然泣き出しました。

▶ **她** 010 「彼女」 **哭** 196 「泣く」動詞＋**起来** 「～し始める」

Yīnggāi hùxiāng duō lǐjiě

应 该 互相 多 理 解 。

互いによく理解すべきです。

▶ **应该** 336 「(当然) ～すべきだ」

Chàdiǎnr zuò guò zhàn le

差点儿 坐 过 站 了 。

もう少しで乗り越すところでした。

▶ **坐过站** 「乗り越す」 **了** 036 ：語気助詞《状況の発生》

Dàyuē yào yí ge xiǎoshí

大约 要 一 个 小 时 。

大体一時間かかります。

▶ **要** 333 「(時間が)かかる」 **一个小时** 058 「1 時間」

| 1回目 | 年 月 日 ／7 | 2回目 | 年 月 日 ／7 | 3回目 | 年 月 日 ／7 | 達成率 92 % |

463 ☐ ☐ ☐ **kě** **可** コォー	副《強調して》本当に ▪ **可**＋形容詞＋**了**「とても〜だ」
464 ☐ ☐ ☐ **kǒngpà** **恐怕** コォンパー	副 おそらく（〜だろう）
465 ☐ ☐ ☐ **jiūjìng** **究竟** ジウジィン	副 一体，結局
466 ☐ ☐ ☐ **nándào** **难道** ナンダオ	副 まさか〜ではあるまい
467 ☐ ☐ ☐ **què** **却** チュエ	副 かえって，むしろ
468 ☐ ☐ ☐ **hǎoxiàng** **好像** ハオシアン	副 〜らしい，〜のようだ ▪ **好像**〜**一样**「まるで〜のようだ」
469 ☐ ☐ ☐ **yěxǔ** **也许** イエシュィ	副 もしかすると〜かもしれない

67

Shōudào lǐwù tā kě gāoxìng le

收到礼物，他 可 高兴了。

プレゼントをもらって，彼は本当に喜んでいます。

▶ 收到「受け取る」 礼物 264「プレゼント」 高兴 413「うれしい」

Kǒngpà láibují le

恐怕 来不及了。

おそらく間に合いません。

▶ 来不及「〜に間に合わない」 了 036：語気助詞《状態の変化》

Jiūjìng shì shéi zuò de

究竟 是谁做的？

一体誰がやったんですか。

▶ 谁 015「だれ」 做 208「する」 是〜的：過去の出来事の主体・時間・場所などを強調

Nándào nǐ hái bù zhīdào ma

难道 你还不知道吗？

まさか，あなたはまだわかりませんか。

▶ 还 438「まだ」 不知道 109「わからない」

Wǒ hǎoxīn bāng nǐ nǐ què guài wǒ ma

我好心帮你，你 却 怪我吗？

私は善意で手伝ったのに，あなたはむしろ私のせいにしていますか。

▶ 好心「善意」 帮 296「手伝う」 怪「〜のせいにする」

Hǎoxiàng zuòmèng yíyàng

好像 做梦一样。

まるで夢のようです。

▶ 做梦「夢を見る《比喩》」 一样 400「〜のような」

Yěxǔ néng kǎoshang

也许 能考上。

受かるかもしれません。

▶ 能 338「〜できる」 考上 118「試験に合格する」

---

470 □ □ □
xìngkuī
幸亏
シィンクエイ

副 幸いにも，運よく

471 □ □ □
yídìng
一定
イーディン

副 必ず，きっと

472 □ □ □
yuánlái
原来
ユエンライ

副 なんだ（もとから）〜
だったのか

473 □ □ □
jiù
就
ジウ

副 すぐに，とっくに；ほ
かでもなく；何がなんでも
■ **一〜就**…「〜したらすぐに…」

474 □ □ □
yìzhí
一直
イーヂー

副 ずっと，まっすぐ

475 □ □ □
dàodǐ
到底
ダオディー

副《疑問文に用いて》一体，
結局

476 □ □ □
lìngwài
另外
リィンワイ

副 ほかに《補足する意味で》

68

Xìngkuī　yǒu　nǐ　bāngmáng

幸亏 有 你 帮 忙。

幸いにもあなたが手伝ってくれてよかったです。

▶ **帮忙** 297 「手伝う」

Nǐ　yídìng　huì　chénggōng　de

你 一定 会 成 功 的。

あなたならきっと成功するよ！

▶ **会~的** 「～のはずだ」 **成功** 「成功する」

Yuánlái　shì　zhèyàng　ya

原来 是 这 样 呀 !

こういうことだったんですか。

▶ **这样** 「このような」 **呀**：驚きを表す感嘆詞

Yíxià　fēijī　jiù　gěi　nǐ　dǎ　diànhuà

一 下 飞 机 就 给 你 打 电 话。

飛行機から降りたらすぐあなたに電話します。

▶ **一~就…** 473 「～したらすぐに…」 **下** 「降りる」 **飞机** 308 「飛行機」

Kèrén　yìzhí　děngzhe　ne

客人 一直 等 着 呢。

お客がずっと待ってますよ。

▶ **等** 307 「待つ」 **着** 039 「～しているところだ《動作の持続》」

Dàodǐ　shì　qù　háishi　bú　qù

到底 是 去 还 是 不 去?

結局行くんですか，それとも行かないんですか。

▶ **A** ＋**还是** 485 ＋ **B** 「Ａかそれとも␣Ｂか」

Lìngwài　háiyǒu　shénme　wèntí　ma

另外 ，还 有 什 么 问 题 吗?

ほかに，何か問題がありますか。

▶ **还** 438 「まだ」 **什么** 016 「何」 **吗** 037：語気助詞《疑問》

477
yìtiān bǐ yìtiān
一天比一天
イー ティエン ビー イーティエン

日ごとに

478
yìnián bǐ yìnián
一年比一年
イー ニエン ビー イー ニエン

年々

479
yícì bǐ yícì
一次比一次
イーツー ビー イーツー

回数を増すごとに

480
zhǐshì
只是
チーシー

接 ただ，だが
副 ただ〜だけ

481
búguò
不过
ブーグオ

接 ただ，でも
副 〜にすぎない

482
yīnwèi
因为
インウエイ

接 〜なので

483
suǒyǐ
所以
スオイー

接 だから

69

Tā de bìng yìtiān bǐ yìtiān hǎo le
他的病 一天比一天 好了。

彼の病気は日に日によくなりました。

▶ **好 389**「良好な状態になる」 **了 036**：語気助詞《状態の変化》

Liúxuéshēng yìnián bǐ yìnián duō le
留学生 一年比一年 多了。

留学生が年々増えました。

▶ **多 368**「増える」

Kǎoshì chéngjì yícì bǐ yícì hǎo le
考试成绩 一次比一次 好了。

テストの成績が毎回よくなりました。

▶ **考试 117**「テスト」

Hǎo shì hǎo zhǐshì guìle yìdiǎnr
好是好, 只是 贵了一点儿。

いいにはいいのですが，ただ少し値段が高いです。

▶ **了 036**：語気助詞《程度の強調》 **一点儿 081**「少し」

Hěn xiǎng qù búguò méiyǒu shíjiān
很想去, 不过 没有时间。

とても行きたい，でも時間がありません。

▶ **很 425**「とても」 **想 329**＋動詞「～したい」

Yīnwèi xià dàxuě diànchē dōu tíng le
因为 下大雪，电车都停了。

大雪のため，電車は全部止まりました。

▶ **下雪 269**「雪が降る」 **电车 303**「電車」 **都 434**「全部」 **停**「止まる」

Gǎnmào le suǒyǐ méi shàngbān
感冒了, 所以 没上班。

風邪をひいたので，会社に行っていません。

▶ **感冒 250**「風邪をひく」 **没 035**「～ない」 **上班 151**「出勤する」

---

484 □□□
rúguǒ
如果
ルーグオ

接 もし〜ならば

485 □□□
háishi
还是
ハイシ

接 それとも　副 やはり

486 □□□
ràng
让
ラァン

動 〜させる；譲る
介 〜される

487 □□□
jiào
叫
ジアオ

動 叫ぶ；〜《名前》という；
〜させる
介 （言って）〜される

488 □□□
shǐ
使
シー

動 〜させる
▪ 書き言葉に多く用いる。让／叫とは
異なり強制の意味合いはない

489 □□□
bèi
被
ベイ

介 〜される

490 □□□
wèile
为了
ウエイラ

介 〜のために《利益を受ける
対象，目的》

70

Rúguǒ yǒu shíjiān lái wǒ jiā wánr ba

如果 有时间，来我家玩儿吧。

もし時間があったら，家に遊びに来てください。

▶ **玩儿** 279「遊ぶ」 **吧** 041：語気助詞《依頼》

Nǐ lái háishi wǒ qù

你来，还是 我去？

あなたが来ますか，それとも私が行きますか。

▶ **来** 031「来る」 **去** 029「行く」

Ràng tā jìnlai ba

让 他进来吧。

彼を入らせてください。

▶ **进来**「入ってくる」

Jiào tā gěi wǒ dǎ ge diànhuà

04 他给我打个电话。

彼に私に電話するように伝えてください。

▶ **打电话** 145「電話する」 **个**：量詞を名詞の前につけることで気軽なニュアンスになる

Zhè běn xiǎoshuō shǐ wǒ shēn shòu gǎndòng

这本小说 使 我深受感动。

この小説は私を感動させました。

▶ **本**：「書物」などを数える時の量詞 **深**「深く」 **(受)感动**「感動する」

Dàngāo bèi gēge chī guāng le

蛋糕 被 哥哥吃光了。

ケーキは兄に全部食べられました。

▶ **蛋糕** 202「ケーキ」 **哥哥** 088「兄」 動詞＋**光**「～し尽くす」

Wèile jiànkāng yào duō yùndòng

为了 健康，要多运动。

健康のために，たくさん運動すべきです。

▶ **要** 333＋動詞「～すべきだ」 **运动**「運動する」

1回目	年 月 日 ／7	2回目	年 月 日 ／7	3回目	年 月 日 ／7	達成率 97 %

491 □
□
□
cóng
从
ツォン

介 ～から《起点》

492 □
□
□
dào
到
ダオ

介 ～に［へ］《場所・時間》,
～まで《場所・時間》
動 （目的に）到達する

493 □
□
□
lí
离
リー

介 ～から《距離の隔たり》,
～まで《時間の隔たり》

494 □
□
□
gēn
跟
ゲン

介 ～と（一緒に／比べて）
《動作の対象・比較の対象》,
～に《対象》

495 □
□
□
hé
和
ホォー

介 ～と《動作の対象・比較の
対象》《並列》

496 □
□
□
wǎng
往
ワァン

介 ～の方へ，～に向かっ
て《方向》

497 □
□
□
duìyú
对于
ドエイユィ

介 ～に対して，～にとっ
て，～に関して《対象》
▪ **对**「～に対して」

71

Wǒ shì cóng Běijīng lái de
我 是 从 北京 来 的。
私は北京から来ました。
▶ **是～的**：過去の出来事の主体・時間・場所などを強調

Dào Shànghǎi yào liǎng ge xiǎoshí
到 上海 要 两 个 小时。
上海まで2時間かかります。
▶ **要 333**「(時間が)かかる」 **两个小时**「2時間」

Nǐ jiā lí chēzhàn yuǎn ma
你 家 离 车站 远 吗？
あなたの家は駅から遠いですか。
▶ **车站 305**「駅」 **远 382**「遠い」

Gēn shéi yìqǐ qù
跟 谁 一起 去？
誰と一緒に行きますか。
▶ **谁 015**「だれ」 **一起 435**「一緒に」 **去 029**「行く」

Qǐng gěi wǒ hànbǎobāo hé kělè
请 给 我 汉堡包 和 可乐。
ハンバーガーとコーラをください。
▶ **请 049**「どうぞ～してください」 **汉堡包**「ハンバーガー」 **可乐**「コーラ」

Yìzhí wǎng qián zǒu
一 直 往 前 走。
まっすぐ前へ歩きます。
▶ **一直 474**「まっすぐ」 **走 030**「歩く」

Duìyú zhège wèntí nǐ yǒu shénme xiǎngfǎ
对于 这个 问题，你 有 什么 想法？
この問題について，何か意見はありますか。
▶ **这个**「この」 **想法**「考え」

498 □□□
guānyú
关于
グアンユィ

介 ～について，～に関して
《関係あるものごと》

499 □□□
tì
替
ティー

介 ～のために
動 ～に代わる，～の代わ
りをする

500 □□□
àn
按
アン

介 ～によって，～にした
がって《準拠》

501 □□□
jù
据
ジュィ

介 ～によると《準拠》

502 □□□
bǐ
比
ビー

介 ～より《比較》
動 比べる

503 □□□
chúle
除了
チュウラ

介 ～を除いて，～以外に
は《除外，例外》

504 □□□
yǐwài
以外
イーワイ

名 ～以外

72

Guānyú zhè jiàn shì kèhù hěn bù gāoxìng

关于 这件事，客户很不高兴。

この件に関しては，お客様が大変怒ってます。

▶ **件**：「事柄」などを数える量詞　**客户**「お客」　**不高兴**「怒っている」

Tì wǒ wènhòu yíxiàr

替 我问候一下儿。

(私の代わりに)よろしく伝えてください。

▶ **问候**「よろしく伝える」　**一下儿** 082「ちょっと」

Àn shàngsi shuō de qù zuò

按 上司说的去做。

上司の言うとおりにしてください。

▶ **说** 106「言う」　**去** 029＋動詞「～(し)に行く」　**做** 208「する」

Jù wǒ liǎojiě tā yǐjīng cí zhí le

据 我了解，他已经辞职了。

私が知るところでは，彼はすでに会社を辞めました。

▶ **了解**「理解する」　**已经** 433「すでに」　**辞职**「辞職する」

Huánjìng bǐ yǐqián hǎo duō le

环境 比 以前好多了。

環境は以前よりだいぶよくなりました。

▶ **环境**「環境」　**好** 389「よい」　**了** 036：語気助詞《状態の変化》

Chú le xiǎo Wáng dōu lái le

除了 小王，都来了。

王君以外，みんな来ました。

▶ **都** 434「みんな」　**了** 036：語気助詞《状況の発生》

Xīngqī sān yǐwài dōu kěyǐ

星期三 以外 都可以。

水曜日以外はいつでもいいです。

▶ **星期三**「水曜日」　**可以** 337「大丈夫だ」

文法復習⑥　重ね型

　中国人は重ねる音を好む傾向があります。子供の名前の1文字を取って重ねて呼んだり，ペットやパンダの名前にも1文字を重ねた音がよく使われ，かわいい印象を与えます。

　また，名前だけでなく，動詞，形容詞，量詞，名詞，副詞などにも重ね型は広く見られます。

動詞の重ね型

　動作・行為を表す動詞を重ねると「ちょっと～する／試しに～してみる」といった意味合いを表し，軽いニュアンスで語気を和らげる働きがあります。

　単音節の動詞[A]は[AA]型に，二音節の動詞[AB]は[ABAB]型となります。

- 単音節　**想** ⇨ **让我想想。**（ちょっと考えさせて）
- 二音節　**打扫** ⇨ **打扫打扫房间。**（ちょっと部屋の掃除をします）

形容詞の重ね型

　形容詞は重ね型によって生き生きとした情景描写を表し，性質・状態の程度が増します。

　単音節の形容詞[A]は[AA]になり，二音節の形容[AB]は[AABB]と[ABAB]になるものがあります。

- 単音節　**好** ⇨ **好好儿**　　　**高** ⇨ **高高的**
- 二音節　**干净** ⇨ **干干净净**　　**雪白** ⇨ **雪白雪白**

量詞と名詞の重ね型

　量詞や名詞を重ねて「どれもこれも，例外なしに」の意味を表します。

个个都是我喜欢的。（すべて私が好きなものです）

人人都有责任保护环境。（すべての人は環境を保護する責任がある）

まとめて覚えよう―中国の祝日

元旦	Yuándàn ユエンダン	元旦（1月1日）
春节	Chūnjié チュンジエ	春節（旧暦1月1日）
清明节	Qīngmíngjié チンミィンジエ	清明節（4月4日～6日ごろ）
劳动节	Láodòngjié ラオドォンジエ	メーデー（5月1日）
端午节	Duānwǔjié ドゥアンウージエ	端午の節句（旧暦5月5日）
中秋节	Zhōngqiūjié チョォンチウジエ	中秋節（旧暦8月15日）
国庆节	Guóqìngjié グオチンジエ	国慶節（10月1日）
元宵节	Yuánxiāojié ユエンシアオジエ	元宵節（旧暦1月15日）
情人节	Qíngrénjié チンレンジエ	バレンタインデー（2月14日）
妇女节	Fùnǚjié フーニュイジエ	国際婦人デー（3月8日）
植树节	Zhíshùjié チーシュージエ	植樹デー（3月12日）
儿童节	Értóngjié アールトォンジエ	子供の日（6月1日）
七夕节	Qīxījié チーシージエ	七夕（旧暦7月7日）
重阳节	Chóngyángjié チョォンヤンジエ	重陽節（旧暦9月9日）
教师节	Jiàoshījié ジャオシーチエ	教師の日（9月10日）
圣诞节	Shèngdànjié シェンダンジエ	クリスマス（12月25日）

	国	人
中国	中国 Zhōngguó チョングオ	中国人 Zhōngguórén チョングオレン
日本	日本 Rìběn リーベン	日本人 Rìběnrén リーベンレン
韓国	韩国 Hánguó ハングオ	韩国人 Hánguórén ハングオレン
アメリカ	美国 Měiguó メイグオ	美国人 Měiguórén メイグオレン
イギリス	英国 Yīngguó イィングオ	英国人 Yīngguórén イィングオレン
フランス	法国 Fǎguó ファーグオ	法国人 Fǎguórén ファーグオレン
ドイツ	德国 Déguó ダーグオ	德国人 Déguórén ダーグオレン
イタリア	意大利 Yìdàlì イーダーリー	意大利人 Yìdàlìrén イーダーリーレン

言語	首都	紙幣
汉语 Hànyǔ ハンユィ	北京 (北京) Běijīng ベイチィン	人民币 (人民元) Rénmínbì レンミンビー
日语 Rìyǔ リーユィ	东京 (東京) Dōngjīng ドォンチィン	日元 (円) Rìyuán リーユァン
韩国语 Hánguóyǔ ハングオユィ	首尔 (ソウル) Shǒuěr ショウール	韩元 (ウォン) Hányuán ハンユエン
英语 Yīngyǔ インユィ	华盛顿 (ワシントン) Huáshèngdùn ホアショォンドゥエン	美元 (ドル) Měiyuán メイユエン
英语 Yīngyǔ イィンユィ	伦敦 (ロンドン) Lúndūn ルンドゥエン	英镑 (ポンド) Yīngbàng イィンバァン
法语 Fǎyǔ ファーユィ	巴黎 (パリ) Bālí バーリー	欧元 (ユーロ) Ōuyuán オウユエン
德语 Déyǔ ドォーユィ	柏林 (ベルリン) Bólín ボーリン	
意大利语 Yìdàlìyǔ イーダーリーユィ	罗马 (ローマ) Luómǎ ルオマー	

見出し語索引

A

- 啊 a　20
- 爱 ài　68
- 按 àn　162

B

- 爸爸 bàba　36
- 罢了 bà le　22
- 吧 ba　20
- 白 bái　118
- 白天 báitiān　30
- 班 bān　50
- 搬 bān　106
- 帮忙 bāngmáng　100
- 帮助 bāngzhù　100
- 傍晚 bàngwǎn　32
- 薄 báo　120
- 抱 bào　100
- 悲伤 bēishāng　136
- 杯子 bēizi　72
- 被 bèi　158
- 本子 běnzi　46
- 比 bǐ　162

- 毕业 bìyè　44
- 变 biàn　66
- 便利店 biànlìdiàn　82
- 表情 biǎoqíng　88
- 表演 biǎoyǎn　66
- 冰淇淋 bīngqílín　70
- 冰箱 bīngxiāng　80
- 播送 bōsòng　66
- 不过 búguò　156
- 不要 búyào　110
- 不用 búyòng　110
- 不 bù　140
- 不可能 bù kěnéng　114
- 不想 bùxiǎng　110
- 不行 bùxíng　110

C

- 擦 cā　46
- 才 cái　146
- 菜 cài　70
- 操心 cāoxīn　100
- 曾经 céngjīng　148
- 差 chà　24

- 差不多 chàbuduō　146
- 差点儿 chàdiǎnr　150
- 长 cháng　120
- 尝 cháng　74
- 常常 chángcháng　146
- 唱 chàng　64
- 超市 chāoshì　82
- 车站 chēzhàn　102
- 吃 chī　72
- 吃饭 chīfàn　74
- 迟到 chídào　42
- 抽烟 chōuyān　98
- 出差 chūchāi　54
- 出发 chūfā　104
- 除了 chúle　162
- 传真 chuánzhēn　52
- 床 chuáng　80
- 春天 chūntiān　92
- 词典 cídiǎn　48
- 辞职 cízhí　56
- 次 cì　26
- 聪明 cōngming　132
- 从 cóng　160

□ 从来 cóng lái 148

□ 粗 cū 126

D

□ 答案 dá'àn 50

□ 打 dǎ 54

□ 打球 dǎ qiú 98

□ 打扫 dǎ sǎo 78

□ 大 dà 118

□ 大家 dà jiā 12

□ 大门 dà mén 78

□ 大人 dà rén 38

□ 大学 dà xué 40

□ 大约 dà yuē 150

□ 逮捕 dài bǔ 108

□ 单词 dān cí 50

□ 蛋糕 dàn gāo 70

□ 到 dào 160

□ 到底 dào dǐ 154

□ 的 de 20

□ ～得多 de duō 32

□ 得 děi 114

□ 登 dēng 96

□ 等 děng 102

□ 低 dī 124

□ 弟弟 dì di 36

□ 地方 dì fang 66

□ 地址 dì zhǐ 52

□ 点 diǎn 24

□ 电车 diàn chē 102

□ 电话 diàn huà 52

□ 电话号码

　　diàn huà hào mǎ 52

□ 电脑 diàn nǎo 52

□ 电视 diàn shì 62

□ 电影 diàn yǐng 64

□ 掉 diào 116

□ 碟子 dié zi 70

□ 丢 diū 108

□ 冬天 dōng tiān 92

□ 东西 dōng xi 104

□ 都 dōu 142

□ 读 dú 48

□ 短 duǎn 120

□ 对于 duì yú 160

□ 多 duō 122

□ 多少 duō shao 16

E

□ 饿 è 140

F

□ 发音 fā yīn 50

□ 方便 fāng biàn 134

□ 房子 fáng zi 76

□ 放 fàng 106

□ 飞 fēi 104

□ 非常 fēi cháng 140

□ 飞机 fēi jī 102

□ 分 fēn 24

□ 分手 fēn shǒu 68

□ 风景 fēng jǐng 94

□ 复印 fù yìn 52

□ 富裕 fù yù 132

□ 复杂 fù zá 130

G

□ 干净 gān jìng 134

□ 敢 gǎn 116

□ 感冒 gǎn mào 84

□ 赶上 gǎn shang 104

□ 干 gàn 96

□ 刚 gāng 148

□ 钢琴 gāngqín 62

□ 高 gāo 124

□ 高兴 gāoxìng 134

□ 歌 gē 62

□ 哥哥 gēge 36

□ 个子 gèzi 88

□ 个 ge 26

□ 给 gěi 22

□ 跟 gēn 160

□ 更 gèng 144

□ 公斤 gōngjīn 26

□ 公司 gōngsī 56

□ 公寓 gōngyù 76

□ 工作 gōngzuò 54

□ 顾客 gùkè 56

□ 关系 guānxi 68

□ 关于 guānyú 162

□ 逛 guàng 96

□ 光盘 guāngpán 62

□ 贵 guì 122

□ 过 guò 24

□ 过敏症 guòmǐnzhèng 72

H

□ 还 hái 144

□ 还是 háishi 158

□ 孩子 háizi 38

□ 好 hǎo 128

□ 好吃 hǎochī 136

□ 好喝 hǎohē 136

□ 好看 hǎokàn 132

□ 好人 hǎorén 68

□ 好听 hǎotīng 136

□ 好像 hǎoxiàng 152

□ 号 hào 28

□ 喝 hē 72

□ 和 hé 160

□ 盒子 hézi 106

□ 很 hěn 140

□ 红 hóng 118

□ 厚 hòu 120

□ 忽然 hūrán 150

□ 互相 hùxiāng 150

□ 护照 hùzhào 104

□ 花 huā 90

□ 花瓶 huāpíng 80

□ 画 huà 66

□ 话 huà 50

□ 画儿 huàr 64

□ 坏 huài 128

□ 换 huàn 90

□ 回 huí 78

□ 会 huì 114

J

□ 机票 jīpiào 104

□ 吉他 jíta 62

□ 几 jǐ 16

□ 记 jì 50

□ 记下 jìxia 46

□ 继续 jìxù 58

□ 家 jiā 76

□ 简单 jiǎndān 130

□ 见面 jiànmiàn 18

□ 交 jiāo 90

□ 教 jiāo 42

□ 郊游 jiāoyóu 94

□ 叫 jiào 158

□ 教室 jiàoshì 40

□ 街 jiē 94

□ 结婚 jiéhūn 68

□ 节目 jiémù　64

□ 姐姐 jiějie　36

□ 借 jiè　82

□ 紧 jǐn　124

□ 近 jìn　126

□ 精通 jīngtōng　42

□ 究竟 jiūjìng　152

□ 酒 jiǔ　72

□ 旧 jiù　128

□ 就 jiù　154

□ 据 jù　162

K

□ 卡拉 OK kǎlā OK　62

□ 开车 kāichē　102

□ 开始 kāishǐ　58

□ 看 kàn　64

□ 看得懂 kàndedǒng　118

□ 看来 kànlái　144

□ 考上 kǎoshang　44

□ 考试 kǎoshì　44

□ 可 kě　152

□ 可爱 kě'ài　134

□ 可能 kěnéng　114

□ 可以 kěyǐ　114

□ 刻 kè　24

□ 肯 kěn　114

□ 恐怕 kǒngpà　152

□ 哭 kū　68

□ 夸 kuā　44

□ 快 kuài　126

□ 快乐 kuàilè　134

□ 快要 kuàiyào　126

□ 困 kùn　140

L

□ 啦 la　22

□ 来 lái　18

□ 来着 láizhe　22

□ 老家 lǎojiā　76

□ 老师 lǎoshī　38

□ 了 le　20

□ 累 lèi　140

□ 冷 lěng　122

□ 离 lí　160

□ 礼拜 lǐbài　28

□ 礼物 lǐwù　90

□ 立刻 lìkè　148

□ 脸 liǎn　88

□ 凉快 liángkuai　122

□ 零钱 língqián　90

□ 另外 lìngwài　154

□ 留学 liúxué　40

□ 楼 lóu　78

□ 楼梯 lóutī　78

□ 旅游 lǚyóu　94

□ 路 lù　94

M

□ 妈妈 māma　36

□ 马虎 mǎhu　136

□ 马上 mǎshàng　150

□ 吗 ma　20

□ 嘛 ma　22

□ 买 mǎi　82

□ 满意 mǎnyì　58

□ 慢 màn　128

□ 忙 máng　130

□ 没有 méiyǒu　18

□ 每天 měitiān　28

□ 妹妹 mèimei　36

□ 秒 miǎo　24

□ 名字 míngzi 40
□ 明白 míngbai 42
□ 命令 mìnglìng 58
□ 摸 mō 106
□ 末班车 mòbānchē 102

N

□ 哪里 nǎli 16
□ 哪儿 nǎr 16
□ 那里 nàli 16
□ 那儿 nàr 16
□ 那么 nàme 16
□ 难 nán 130
□ 难道 nándào 152
□ 男的 nánde 38
□ 难看 nánkàn 134
□ 难受 nánshòu 136
□ 呢 ne 20
□ 能 néng 114
□ 你 nǐ 10
□ 你们 nǐmen 10
□ 年 nián 28
□ 您 nín 10
□ 牛奶 niúnǎi 70

□ 弄坏 nònghuài 100
□ 暖和 nuǎnhuo 120

P

□ 派 pài 54
□ 胖 pàng 124
□ 朋友 péngyou 38
□ 批评 pīpíng 56
□ 啤酒 píjiǔ 72
□ 便宜 piányi 122
□ 漂亮 piàoliang 132
□ 苹果 píngguǒ 70

Q

□ 期间 qījiān 66
□ 起床 qǐchuáng 74
□ 汽车 qìchē 102
□ 铅笔 qiānbǐ 46
□ 钱 qián 90
□ 轻 qīng 124
□ 清楚 qīngchu 118
□ 请 qǐng 22
□ 求 qiú 116
□ 去 qù 18

□ 全 quán 146
□ 却 què 152

R

□ 然后 ránhòu 142
□ 让 ràng 158
□ 热 rè 120
□ 认识 rènshi 42
□ 日 rì 28
□ 容易 róngyì 130
□ 如果 rúguǒ 158

S

□ 散步 sànbù 96
□ 上班 shàngbān 54
□ 上司 shàngsi 56
□ 上网 shàngwǎng 48
□ 上午 shàngwǔ 30
□ 稍微 shāowēi 144
□ 少 shǎo 122
□ 谁 shéi 14
□ 身体 shēntǐ 88
□ 什么 shénme 14

□ 什么地方

　shénme dìfang　14

□ 什么时候

　shénme shíhou　14

□ 生活 shēnghuó　74

□ 生气 shēngqì　68

□ 失败 shībài　58

□ 时候 shíhou　24

□ 使 shǐ　158

□ 是 shì　10

□ 事儿 shìr　84

□ 收拾 shōushi　80

□ 手表 shǒubiǎo　82

□ 手机 shǒujī　52

□ 手续 shǒuxù　104

□ 瘦 shòu　124

□ 书 shū　48

□ 书店 shūdiàn　48

□ 书架 shūjià　80

□ 树 shù　94

□ 睡觉 shuìjiào　76

□ 说 shuō　42

□ 说不好 shuōbuhǎo　116

□ 说话 shuō huà　96

□ 死 sǐ　98

□ 松 sōng　126

□ 送 sòng　84

□ 随时 suíshí　150

□ 岁 suì　26

□ 所以 suǒyǐ　156

T

□ 他 tā　12

□ 它 tā　12

□ 她 tā　12

□ 他们 tāmen　12

□ 它们 tāmen　12

□ 她们 tāmen　12

□ 太 tài　142

□ 太极拳 tàijíquán　98

□ 弹 tán　64

□ 讨论 tǎolùn　58

□ 特别 tèbié　144

□ 体重 tǐzhòng　88

□ 替 tì　162

□ 天 tiān　28

□ 天气 tiānqì　92

□ 听 tīng　64

□ 听不懂 tīngbudǒng　116

□ 通知 tōngzhī　66

□ 同 tóng　130

□ 同事 tóngshì　56

□ 偷 tōu　108

□ 头发 tóufa　88

□ 图书馆 túshūguǎn　48

□ 推 tuī　106

W

□ 完全 wánquán　146

□ 玩儿 wánr　94

□ 玩笑 wánxiào　96

□ 晚 wǎn　128

□ 晚上 wǎnshang　30

□ 往 wǎng　160

□ 忘 wàng　108

□ 为了 wèile　158

□ 为什么 wèi shénme　14

□ 温度 wēndù　92

□ 温柔 wēnróu　132

□ 问 wèn　58

□ 问题 wèntí　84

□ 我 wǒ　10

□ 我们 wǒmen 10
□ 屋子 wūzi 76

X

□ 习惯 xíguàn 96
□ 洗 xǐ 74
□ 喜欢 xǐhuan 70
□ 洗手间 xǐshǒujiān 78
□ 洗衣服 xǐ yīfu 78
□ 洗澡 xǐzǎo 74
□ 细 xì 126
□ 下午 xiàwǔ 30
□ 下雨 xiàyǔ 92
□ 先 xiān 142
□ 先生 xiānsheng 38
□ 闲 xián 130
□ 现在 xiànzài 26
□ 箱子 xiāngzi 106
□ 想 xiǎng 108
□ 小 xiǎo 120
□ 小时 xiǎoshí 26
□ 小偷 xiǎotōu 108
□ 写 xiě 46
□ 谢 xiè 90

□ 新 xīn 128
□ 星期 xīngqī 28
□ 行 xíng 132
□ 行李 xíngli 106
□ 幸福 xìngfú 136
□ 幸亏 xìngkuī 154
□ 修理 xiūlǐ 100
□ 休息 xiūxi 54
□ 学 xué 40
□ 学生 xuésheng 38
□ 学校 xuéxiào 40
□ 雪 xuě 92

Y

□ 牙 yá 88
□ 药 yào 84
□ 要 yào 110
□ 也 yě 148
□ 也许 yěxǔ 152
□ 夜里 yèli 32
□ 医生 yīshēng 84
□ 医院 yīyuàn 84
□ 一次比一次
　　yícì bǐ yícì 156

□ 一定 yídìng 154
□ 一共 yígòng 146
□ 一会儿 yíhuìr 32
□ 一块儿 yíkuàir 146
□ 一下儿 yíxiàr 32
□ 一样 yíyàng 132
□ 已经 yǐjing 142
□ 以外 yǐwài 162
□ 一点儿 yìdiǎnr 32
□ 意见 yìjiàn 56
□ 一年比一年
　　yìnián bǐ yìnián 156
□ 一起 yìqǐ 144
□ 一天比一天
　　yìtiān bǐ yìtiān 156
□ 一些 yìxiē 32
□ 一直 yìzhí 154
□ 椅子 yǐzi 80
□ 阴 yīn 122
□ 因为 yīnwèi 156
□ 音乐 yīnyuè 62
□ 银行 yínháng 82
□ 应该 yīnggāi 110
□ 用 yòng 110

174

□ 邮局 yóujú　82

□ 游泳 yóuyǒng　98

□ 有 yǒu　18

□ 有点儿 yǒudiǎnr　142

□ 有人 yǒurén　116

□ 有意思 yǒu yìsi　134

□ 又 yòu　148

□ 雨伞 yǔsǎn　92

□ 原来 yuánlái　154

□ 远 yuǎn　126

□ 愿意 yuànyì　116

□ 月 yuè　28

Z

□ 杂志 zázhì　48

□ 在 zài　18

□ 再 zài　148

□ 咱们 zánmen　10

□ 早 zǎo　128

□ 早饭 zǎofàn　74

□ 早上 zǎoshang　30

□ 怎么 zěnme　14

□ 怎么样 zěnmeyàng　14

□ 站 zhàn　44

□ 找 zhǎo　108

□ 这里 zhèli　16

□ 这么 zhème　16

□ 这儿 zhèr　16

□ 着 zhe　20

□ 着呢 zhe ne　22

□ 真 zhēn　140

□ 正好 zhènghǎo　118

□ 正在 zhèngzài　150

□ 知道 zhīdao　42

□ 直 zhí　118

□ 职业 zhíyè　54

□ 纸 zhǐ　46

□ 只是 zhǐshì　156

□ 中午 zhōngwǔ　30

□ 种 zhǒng　26

□ 重 zhòng　124

□ 周 zhōu　30

□ 住 zhù　76

□ 注意 zhùyì　44

□ 撞 zhuàng　98

□ 桌子 zhuōzi　80

□ 字 zì　46

□ 自己 zìjǐ　36

□ 自我介绍 zìwǒ jièshào　40

□ 自行车 zìxíngchē　100

□ 走 zǒu　18

□ 足球 zúqiú　98

□ 最 zuì　144

□ 最后 zuìhòu　142

□ 坐 zuò　44

□ 做 zuò　72

□ 作业 zuòyè　50

呉春姫（ご・しゅんき）

　中国で瀋陽理工大学の経済学部を卒業後，お茶の水女子大学で研究生として留学で来日し，日本語学について勉強する機会を得て，その後，東京外国語大学大学院にて日本語教育の修士号を取得。卒業後には語学教育の学位を活かし，都内で7年間に渡り語学教室を開き，中国語教育に携わってきた。そのほか，日本企業の社員研修，翻訳・通訳，中国語及び日本語教科書の翻訳なども多数手掛けてきた。

© Go Shunki, 2023, Printed in Japan

1か月で復習する
中国語 基本の 500 単語【新装版】

2016 年 8 月 25 日　　初版第 1 刷発行
2023 年 9 月 5 日　　新装版第 1 刷発行

著　　者　呉春姫
制　　作　ツディブックス株式会社
発 行 者　田中 稔
発 行 所　株式会社 語研
　　　　　〒 101-0064
　　　　　東京都千代田区神田猿楽町 2-7-17
　　　　　電　話　03-3291-3986
　　　　　ファクス　03-3291-6749
組　　版　ツディブックス株式会社
印刷・製本　シナノ書籍印刷株式会社

ISBN978-4-87615-425-8 C0087
書名　イッカゲツデフクシュウスル チュウゴクゴ キホンノ ゴヒャクタンゴ シンソウバン
著者　ゴ シュンキ

著作者および発行者の許可なく転載・複製することを禁じます。

本書の感想は
スマホから↓

株式会社 語研

語研ホームページ https://www.goken-net.co.jp/